Günter von Hummel

TRANS

Psychoanalyse und Meditation verbunden in
einem Verfahren der Selbstpraxis

Das Umschlagsbild der Malerin T. Heydecker (semantik-art.com) mit dem Titel ‚Mobil' zeigt einen realen, aus der Zeit gefallenen, andererseits aber auch gerade wieder aktuellen Wohncontainer in einsamer Gegend am Rand einer Straße. Damals wie heute stellt er das Trans zur geschäftigen, pluralistischen und globalisierten Welt dar.

© 2021

Herstellung und Verlag: BoD – Books on Demand, Norderstedt

ISBN 9783752671148

Lektorat:S.Möckel, R. J. Osler, München

Inhaltsverzeichnis

1. Cis und Trans

Transhuman, Transzendenz, Transgender, Transsubstantiation, Transuran, es gibt hunderte von Wörtern mit der Vorsilbe ‚trans‘. Warum? Weil sie dazu taugt etwas in Schwebe zu lassen oder gar zu verschleiern. Denn Trans ist alles, mit dem man nicht weiterkommt und es somit in eine Art von Jenseits befördert wird. Jenseits von allem, was man nicht hören, bezeichnen, sehen, denken, berechnen und träumen kann. Trans ist eine Ausrede, ein Alibi. Das gilt selbst für Bezeichnungen wie Transporter oder Transfiguration, denn eine Figuration, ein figürlich Gestaltetes war bereits da, aber für das zweite, das trans davon hätte sein sollen, hatte man keinen eigenen Namen, also sagte man Trans-Figuration. Das erste figürlich Gestaltete wurde irgendwie und -wo hinübergeschickt, sowie der Hinträger zum Transporter wird. Warum trägt er es nicht hin, hinein, direkt ins Wesen des anderen, warum ist er nicht unmittelbar und empathisch mit ihm, warum trägt er es nur hinüber, trans?

Denn Es ist doch da, Es, das Subjekt. Das Subjekt des Unbewussten, das Translose. Bevor ich später weiter dazu komme noch ein Hinweis darauf, dass freilich auch abgeschwächte Formen des Trans existieren, wie vielleicht beim Transposon, das als Fachausdruck gelten soll. Dabei hätte man den Begriff ‚springende Gene‘ für das Hin- und Herspringen der Transposone doch beibehalten können. Doch am meisten stört mich z. B. das

Wort Transparenz. Es enthält das lateinische ‚parere‘, erscheinen, sich zeigen, gehorchen. Mit der Vorsilbe ‚trans‘ wird das Erscheinen zu einer besonderen Sichtigkeit verstärkt und erhoben, die doch gar nicht nötig ist. Denn wirklich durchsichtig, durchschaubar ist nichts. Der Begriff Transparenz tut so, als sei etwas ganz klar, offen und ersichtlich fassbar, in Wirklichkeit aber werden dafür noch weitere Worte, Definitionen und Erklärungen und Beweise gefordert. Und so benimmt sich die Transparenz wohl nur wie etwas Imaginäres, vielleicht Imaginär-Reales, Bild-Wirkliches oder -Wirkendes, auf jeden Fall nicht wie etwas konkret Durchschaubares, Durchschautes, und allein schon vom Visuellen her total Erfasstes. Es ist nur transparent, es muss durch etwas anderes hindurchgehen, das vortäuscht, es sei es selbst.

So tobt seit jeher ein Streit zwischen dem Hier und dem Dort, dem Cis und dem Trans, dem Hinüber und dem direkt Hinein, dem Hiesigen und dem Transhiesigen, dessen Trans man lange Zeit (und z. T. auch heute noch) einfach in den vier Buchstaben G, o, und doppelt t versteckt und verwahrt hat. Ich schreibe dies so ein bisschen semiotisch, um nichts von vornherein festzulegen. Denn das G, o und tt war eine Frage des Glaubens, mit dem man eine Zeit lang so mittelgut gefahren ist, aber man wusste nicht, was im Darüber hinaus, im Trans, wirklich los ist. Und so liegt im Glauben und im Nicht-Wissen „die Crux aller Religionen" – und auch anderer Glaubenssysteme – wie der Psychoanalytiker T. Reik einst in

einer ausgedehnten Untersuchung meinte.[1] Die Crux
liegt seiner Auffassung nach „darin, dass die Religionen
sich niemals der Macht der Ambivalenz von Gefühlsre-
gungen entledigen können", und so „die unbewusste
Feindseligkeit gegen Gott zum eigentlichen Wesen der
Religion gehört".

Das ist vielleicht ein bisschen zu krass ausgedrückt. Man
muss wohl um den wahren Glauben ständig kämpfen,
eine Mühsal, die wohl den meisten Menschen bekannt
ist. Und so berichtete schon der Aufklärer und Enzyklo-
pädist D. Diderot von dem blinden Mathematiker Saun-
derson, dem man ständig von Gott erzählte, und der
wohl glaubte, die anderen könnten ihn sehen, so dass er
sagte: „Wenn sie mich an Gott glauben machen wollen,
müssen sie mich ihn berühren lassen". Doch genau dies
konnten sie natürlich nicht. Gesehen haben Gott schon
viele, die christlichen Mystikerinnen z. B. oder auch
Moses im brennenden Dornbusch, aber angefasst hat ihn
noch keiner. Dazu ist er zu sehr Trans.

Und aus diesem Grund haben die alten Griechen ange-
fangen, das Glauben durch das Denken zu ersetzen. Aber
auch sie griffen zum Trans. Statt Gott definierten sie das
nicht weiter Denkbare mit dem Begriff der Transzendenz, des Überschreitenden (griechisch: ἐπέκεινα,
epékeina). Das ist ein ähnlich schlimmer Ausdruck wie

---

[1] Reik, T., Der eigene und der fremde *Gott*, Suhrkamp (1975),
zitiert in: Bohleber, W., Psyche 8 (2002) S. 702.

8

der der Transparenz. Man ist am Ende und so empfiehlt man einfach weiter zu schreiten, ins Bodenlose, ins Blaue, ja weiter und weiter. Das ist Täuschung, was hat das noch mit der Wahrheit zu tun, dieser frigiden Partnerin auf der Suche nach dem Zustand, in dem ein Trans nicht mehr notwendig ist. Ich sage ‚frigide', denn ich komme von der Psychoanalyse her, wo man alles in leicht erotisierten Begriffen darstellen muss (andererseits wird es im weiteren auch um deren Trans gehen, ums Unbewusste, um Mythos und Meditation).[2]

Nun existiert bei den Denkern, also in der Philosophie, auch eine Crux, wenn sie nämlich das Trans vermeiden will, wird sie immer wieder von einem Nihilismus bedroht, der sich gegen die zu vielen Überschreitungen wehrt. Denken lässt sich das Trans noch weniger gut als glauben. Selbst in den Wissenschaften verhält es sich nicht anders. Der französische Psychoanalytiker Lacan meint, dass die wissenschaftliche, ausschließlich „universitär gewusste Wahrheit von sich aus einen Trend des Unglaubens ihr selbst gegenüber erzeugt".[3] Es geht beim wissenschaftlichen Denken also um etwas Ähnliches, wie es die Gottesgegnerschaft in den Religionen oder der

---

[2] Laut J. Lacan ist der Psychoanalytiker einer, der sich mit seiner Seele prostituieren, aber dennoch dabei prüde bleiben muss.

[3] Lacan, J., L`Envers de la Psychanalyse, Seminar Nr. XVII, edition seuil (1991) S. 71

Nihilismus in den Philosophien darstellt. Sie sind alle von innen her irgendwie verstört.

Denn dieses universitäre Gelehrtenwissen dient nicht unmittelbar auch der Wahrheit dieses Wissens, es zwingt zu einem immer mehr und mehr wissen müssen, zu einem savoir pour savoir, einem Kind dieser unheilvollen Transparenz. Es wird zu viel geredet und publiziert. Es wird von oben herab doziert, es wird eingepaukt wie in der Schule. Nur um die stets zweifelhafte Objektivität aufrecht zu erhalten, wird die früher so gefeierte und hochgehaltene ‚akademische Freiheit' geopfert, in der man sich das relevante Wissen noch selbst erarbeiten konnte. All das kommt daher, weil die Wissenschaftler sich krampfhaft bemühen das Subjekt, also auch sich selbst, möglichst perfekt aus dem Spiel zu lassen. So erzeugen sie ein Trans in sich selbst. Sie kommen in der Frage nach der Wahrheit des Wissens nicht weiter. Sie wollen auch keine frigide Partnerin des Wahrheitswissens haben, trotz deren Liebreiz.

Heute findet man in der allgemeinen Bevölkerung eine zunehmende Ablehnung der Wissenschaften, und das geschieht nicht ganz zu unrecht. Jedenfalls haben schon vor vielen Jahren die Wissenschaftsjournalisten und Sachbuchautoren B. Appleyard und J. Horgan mit profunder Sachkenntnis und Leidenschaft gegen die Übermacht der in Sackgassen steckenden Wissenschaften angeschrieben.[4, 5] „Wir sind Zufallsprodukte", meint App-leyard und konstatiert daraus, dass die Wissenschaften schnell an ihre jeweiligen Grenzen kommen. Sie treten dann auf der Stelle, bringen in ihren Untersuchungen zwar viele Verfeinerungen an, aber nichts durchgreifend Neues. Ein Ausweg kann jedoch von einer Wissenschaft kommen, die das Subjekt voll einbezieht, einer Wissen-schaft v o m Subjekt also, wie sie zum Beispiel von der Psychoanalyse erstrebt und versucht wird. V o m Subjekt heißt nicht subjektiv, aber auch nicht wie in den Wissen-schaften üblich objektbesessen, sondern eben subjektbe-zogen. Aufs Es bezogen, das da ist.[6]

Wie gesagt muss der religiöse Mensch sich also gegen die in ihm selbst lauernde Gegensätzlichkeit gegen Gott agieren, weil er spürt, dass irgendetwas nicht so da ist wie ausgemacht und nicht stimmt: so zum Beispiel, dass „Gott eine Erklärung für das Böse in der Welt fehlt,"[7] was man schon lange unter dem Begriff der Theodizee erfasst hat. Man kann Gott nicht dauernd bejubeln und

---

[4] Appleyard, B., Der halbierte Mensch. Die Naturwissenshaf-ten und die Seele des Menschen, Kindler (1992)
[5] Horgan, J., An den Grenzen des Wissens. Siegeszug und Di-lemma der Naturwissenschaften, Fischer (2000)
[6] Es ist da muss man tautologisch lesen. Bei Betonung auf dem ‚da' klingt es nach einem ‚ist vorhanden', bei Betonung auf dem ‚Es' klingt es nach ‚Es, das Es, ist gekommen'. Eine perfekte Tautologie ist ohne Trans, ist reine Mathematik und dies ist auch meine Intention in diesem Buch.
[7] Lacan-entziffern.de, Die Ungerechtigkeit Gottes.

gleichzeitig sehen, welche schrecklichen Grausamkeiten er zulässt, dass sie überall in der Welt passieren. Letztlich verhält sich Gott genauso wie die Gelehrten an der Universität, die sich also stets aus dem Spiel herauslassen. Sie sagen, sie wollen sich nicht subjektiv in ihre Wissenschaft einbeziehen, aber dadurch vermeiden sie die ganze Wahrheit. Sie geben ihr Unbewusstes nicht frei, sie geben ihre Angst nicht her, sie leben selbst nur im Trans, das man auch das verabsolutierte Wissen nennen könnte, und das sie dann als ein bewiesenes Cis ausgeben wollen. [8]

An diesen zwei Beispielen, Bereichen, Grundrichtungen von Glauben und Wissen, Subjekt und Objekt, diesem Cis und jenem Trans lässt sich gut der Unterschied von früher und heute ablesen, aber auch die Forderung nach einer grundlegenden Neuorientierung erheben. Diese kann wie gesagt nur von einer Subjektwissenschaft kommen wie es von der Psychoanalyse vorgegeben wurde. In ihr wird dem Subjekt ein anderes Subjekt gegenübergestellt, die nunmehr beide unter einer einfachen, festen Regel sich gegenseitig auf den Grund kommen müssen. Der Psychoanalytiker ist nicht nur derjenige,

---

[8] So z. B. die Physiker, die immer noch nach der Verbindung von Quantentheorie und Relativitätstheorie suchen. Im Spektrum der Wissenschaft 10. 2020 will W. Struyve „ein vereinfachtes Modell der kanonischen Quantengravitation im dBB-Formalismus" gefunden haben. Cui bono, wem nützt das? Ein richtiges Cis ist das noch nicht. Aber vielleicht ist es noch nicht das letzte (und gar für alle verbindliche) Wort.

dem Wissen unterstellt wird, auch für den Patienten gilt dies. Beide müssen sich zurücknehmen, dekonstruieren, um von einem gemeinsamen Nullpunkt aus sich wieder neu logisch und praxisnah zu rekonstruieren.[9] Ein Trans soll so vermieden werden, man will gesichert – vielleicht nicht ganz im Cis – aber doch beim Es, das da ist, bleiben, was meines Erachtens außer Freud nur noch Lacan so einigermaßen gelungen ist, der sich stets auf die Mathematik berief, bzw. auf die Tautologie wie in Fußnote 6 erwähnt. Doch selbst die Mathematiker, die völlig abstrakt und unrealistisch vorgehen, aber nach Lacans Auffassung dem Realen als solchen am nächsten kommen, haben ihre Begrenzung erkannt.[10]

Das Trans zu vermeiden korreliert auch mit Lacans Aussage, dass man niemals über alles seine Meinung sagen kann oder soll, denn die Wahrheit, um die es sich hier in erster Linie dreht, kann man immer nur halb sagen.[11] Sie ganz zu sagen hieße, den Zuhörer ziemlich auszuschließen und ihm das eigen gefärbte Wahre aufzudrücken.

---

[9] Das Zurücknehmen des Patienten ist ein anderes als das des Therapeuten. Ersterer muss zu früheren Seelenzuständen zurückkehren, letzterer sich mit persönlichen Gefühlen und Gedanken zurückhalten, was man die Abstinenzregel nennt.
[10] Lacan sagt, dass das Reale, von Freud noch psychische Realität genannt, das Unmögliche ist (die Grenze des Weiterkommens, der Wiedererinnerung, vom Ego her nicht zu erfassen), aber von den Mathematikern noch am besten dargestellt.
[11] Lacan, J., Seminaire XVIII, ed. Seuil (2006) S. 12

Was man tun kann, so sagte er, ist die „Wahrheit zu ent-
fesseln", also etwas zu sagen, was nicht direkt die Wahrheit ist, sie aber auslöst, so dass ihr wahrhaft gefolgt
wird, dass sie also wahrheitsbezogene Folgen hat. Und
genau dies passiert, wenn man das Trans auflöst und ne-
giert. Bekanntlich liegt in der Negation eine größere
Wahrheit als in der Bejahung. Deshalb werde auch ich
nicht die Wahrheit sagen, sondern sie durch ein Übungs-
verfahren, das sich vor allem aus psychoanalytischen
und meditativen Methoden zusammensetzt, zur Entfesse-
lung anbieten.

Für eine derartige Zusammensetzung könnte man Worte
und Bildzeichen verwenden, wie sie zum Beispiel in den
ägyptischen Hieroglyphen vorliegen. Im ikonographi-
schen Bereich können nämlich manchmal Bild, Wort
oder auch nur ein Buchstabe für das Gleiche stecken,
und das wäre dann fast ein perfektes TranCis, ein Zipfel
des Realen. Für das, was ich hier vorhabe, nämlich ein
Verfahren, in dem jeder Einzelne – und eben nur der
Einzelne – seine Identität ohne ein Trans, also nur in seinem Hier und Jetzt finden kann, wäre solch eine bild-
wort-wirkende Formel die beste Hilfe. Denn wenn ich in
meinem Text vermeiden will, immer wieder auf ein wo-
anders Liegendes, ein Transponiertes, zu verweisen,
bleibe ich ein armseliger Gestriger, Epigone, Daherplap-
perer. Ich werde aber für mein vorzustellendes Verfahren, das ich *Analytische Psychokatharsis* nenne, nicht
Hieroglyphen verwenden, sondern sogenannte *Formel-*

Worte, die eine besondere linguistische Struktur aufweisen, wie ich noch detailliert zeigen will.

Nur selbstübend, selbstanalytisch kann man ohne Trans auskommen.[12] Die *Analytische Psychokatharsis* stellt ein ausgewogenes Verhältnis von Psychoanalyse und Meditation auf wissenschaftlicher Basis ganz in Sinne einer Wissenschaft v o m Subjekt her. Um dies klar zu legen, werden ein paar weitere Kapitel notwendig sein, in denen es auch immer wieder um die zwei Grundkräfte, -prinzipien, gehen wird, nämlich um das Symbolische, Wort-Wirkende (psychoanalytisch auch der Sprechtrieb) und um das Imaginäre, Bild-Wirkende (der Wahrnehmungs-, Schautrieb). Dies schon mal neben dem Cis und Trans vorab zur Orientierung.

Und auch der Bezug zum Realen soll geklärt werden, das nicht die Realität (Physik, Materialismus) ist, sondern das Reale der Wahrheit. In der Psychoanalyse verschwindet das Symptom, wenn man die dahinterliegende Wahrheit aufdeckt. Denn die Wahrheit hat ursächlichen Charakter, und in diesem Sinne ist sie real, so wie Es real ist und nicht die äußere Realität betrifft. Es ist so real, dass Es auch körperhaft, körperbezogen ist, ja ein Körper

---

[12] Lacan spricht diesbezüglich auch von der Konjekturalwissenschaft, wie sie in der Mathematik verwendet wird. Das lateinische ,conjectura' heißt Vermutung, und so arbeitet man sich in dieser Wissenschaft von Vermutung zu Vermutung weiter, bis das endgültige Ziel einer letzten Gewissheit feststeht.

ohne Gestalt, ohne Form, sein kann. Das heißt, Es kann als solcher gestaltloser Körper erfahren werden, ist also eine Art unmittelbaren Genießens, das manche Psychoanalytiker ein weibliches Genießen (Lacan: ‚Jouissance') nennen. Denn sie kommen von der Mann/Frau-Thematik her, und dort ist es trans, weil es dem männlichen ‚Plaisir' gegenüber steht, das zu sehr cis-geformt ist. Man muss sich somit nach *l'Autre* umsehen, der *Andere* des sexuellen Paares ist, wie Lacan diese Figur des Dritten, dieses Instrument der Selbsterfahrung und des Trialogs nennt.[13] Es geht um den unbewusst *Anderen* in einem jeden.

---

[13] Der Begriff Trialog stammt vom Psychoanalytiker O. Graf Wittgenstein und meint, dass in jedem Dialog stets auch ein drittes Element mitbestimmend ist.

2. *L'Autre* und die Drei

Wie kann *l'Autre*, der/das *Andere*, eine Zentralfigur der Wissenschaft sein? Einer Wissenschaft vom Subjekt? Einer selbstwissenschaftlichen Formel? Ist das vielleicht doch zu verrückt? Entweder gibt es objektive Wissenschaft, oder das Willkürliche des Subjekts, des Subjektiven, wird zu Höherem aufgemotzt und als Wissenschaft verkauft. Die Naturwissenschaften versuchen Objektivität durch experimentelle Anordnungen zu gewinnen. Freilich können sie dabei nicht vollkommen objektiv sein, denn der Versuchsaufbau kann immer nur einen Teilaspekt liefern und unterliegt zudem der persönlichen Wahl des Untersuchers. Würde man die Materie nicht mit Hilfe von Atomen, die durch einen Teilchenbeschleuniger geschickt werden, sondern nur mit immer weiter verbesserten Mikroskopen und Teleskopen erforschen, würden wohl unterschiedliche und doch naturwissenschaftlich plausible Ergebnisse herauskommen. Die gemittelte Objektivität aus allen Betrachtungen und Experimenten wäre vielleicht das einzig wirklich Objektive.

Aber auch das wäre nicht optimal. Auch die Geisteswissenschaften sind nicht optimal, was die Objektivität betrifft. Hier existieren genauso unterschiedliche Wege, obwohl die Geisteswissenschaftler eigentlich nur einer Logik – oder besser: logischen Praxis – folgen könnten. Doch weil sie zu wenig gegenständlich sind und ihnen meist die Praxis fehlt (nur der Philosoph K. Marx hat es

mit seiner Pariser Kommune versucht), müssen sie bereits am Anfang die Entität eines Begriffs setzen, den sie
dann durch weitreichende Ausführungen zu beweisen
suchen. Mit anderen Worten, sie ziehen immer das Ka-
ninchen aus dem Hut, das sie vorher dort schon hinein-
getan haben. Überall, mehr oder weniger in allen Wissenschaften, spielt also auch etwas Subjektbezogenes eine Rolle, und eine Einheit der Kräfte oder Ideen, eine
Einheit von Subjekt und Objekt wird nicht erreicht. Man
behauptet, die gäbe es nicht und würde es auch nie geben.

Bei einer Wissenschaft v o m Subjekt würde es sich
nicht um eine subjektive Wissenschaft handeln, sondern
um eine vom Subjekt zum Subjekt, denn sowohl Untersucher wie auch Untersuchter wären Subjekte. Dies ist –
wie ja schon eingangs erwähnt – bei der Psychoanalyse
der Fall. Man lässt dort also den Untersuchten reden,
was immer ihm einfällt, was immer er frei assoziiert,
denn man geht davon aus, dass es ein Unbewusstes gibt
und der Untersuchte das dem Unbewussten unterstellte
Subjekt ist.[14] Er wird nicht nur aus seinem Bewusstsein,
also von dem was ihm bewusst einfällt, reden, sondern –
zwischen den Zeilen, in Versprechern, psychischen Fehlleistungen, etc. – heraus etwas verlauten lassen, was ihm
nicht so bewusst war. Damit enthüllt er aber etwas, was

---

[14] Dies gilt auch für den Untersucher, auch wenn diesem
mehr Wissen unterstellt wird und er so mit seinem Unbewussten besser vertraut ist.

er nicht so zu wissen glaubte, aber bedeutend und wichtig ist.

Kurz: er wird so mit der ‚freien Assoziation' durch den Teilchenbeschleuniger seiner unbewussten Gedanken geschickt, vom stets sich verbessernden Psychoskop betrachtet oder als Mensch aus dem Versteck gezogen, in das er seit Säuglingszeit schon als Mensch verwickelt war. Nun ist der Schwerpunkt der Psychoanalyse das Sprechen und die Sprache, vor allem die Sprache des groß zu schreibenden *Anderen*, groß **A**, der als bedeutsam im Unbewussten verinnerlicht ist: Schon ganz früh im Leben treten die Beziehungsbilder und Worte der Eltern, Erzieher, Bezugspersonen, Lehrer, Arzt, etc., bis hin zum Psychoanalytiker als verinnerlichte Instanzen auf, während der kleingeschriebene andere, klein a (Geschwister, Spielkameraden, psychische ‚Begehrens-Objekte', etc.), nur seinesgleichen repräsentiert. Allerdings ist meine Aussage über das Psychoskop nicht ganz richtig, denn das unbewusste Bild, der unbewusste Blick, die unbewusste ‚Vision', wird in der Psychoanalyse vernachlässigt.

Denn der/das *Andere,* dieses scheinbar personalisierte Trans, ist auch visuell, bildlich, blicklich und nicht nur sprachlich zu erfassen. „Der *Andere,* frz. *L'Autre*, um den es geht, ist speziell der des sexuellen Paares",[15] der Beziehungs-*Andere*, der *Andere* als Essenz des Liebesaktes, und da gibt es viel Schein, Glanz, Betörung und

---

[15] Lacan, J., Seminaire XIX, Edition Seuil (2011) S. 112.

Helligkeit. Die sexuelle Beziehung ist nämlich – so Lacan weiterhin – nur eine Scheinbeziehung, allerdings im doppelten Sinne dieses Wortes. Sie ist Anschein, nur scheinbare Beziehung, aber auch leuchtender, erregender, blendender Schein. Ich nenne es auch gerne ein Es Scheint, Es *Strahlt*, weil es so eine Korrelation zu der oben betonten Sprachbezogenheit gibt, zu dem *Anderen* als einem Es *Spricht*. „Ça parle, Es *Spricht* im Unbewussten", konstatiert Lacan'. ‚Es *Spricht*' in einer Sprache ohne Worte, und der Philosoph M. Heidegger hat es noch poetischer und umfassender formuliert: „Die Sprache spricht vom Menschen . . sie ‚west' im Sein als der sich ereignende Unter-Schied für Welt und Dinge".[16]

Durch dieses Sprechen bekommt *l'Autre*, verkürzt groß A allerdings einen Querstrich, eine Barre wie Lacan sagt, eine Sperre, A. *L'Autre* ist nämlich in Schwierigkeiten, indem er gleichzeitig der sprachlich-symbolischen als auch der bildlich-imaginären Ordnung zugehört. Es hängt davon ab, ob A als nicht gebarrt noch etwas vom Fleisch und Blut an sich hat oder speziell nur die Hintergrundfigur des männlich/weiblichen Paares ist (A kann auch Hintergrundfigur der Transzendenz sein, also dessen, was manche ‚spirituell' nennen, doch auch das Spirituelle ist nicht die totale Fülle des Ganzen). Ich werde noch später dazu Stellung nehmen, wie Lacan die in der Psychoanalyse vernachlässigte, bildliche und gegenüber der mehr vom männlichen Sprechen (vom *Spricht*) her

---

[16] Heidegger, M., Unterwegs zur Sprache, Verlag G. Neske (1993) S. 32-33

betonten Seite der Wissenschaft v o m Subjekt, durch eine weibliche (vom Es *Strahlt* her), ebenso subjektorientierte Wissenschaft ergänzen wollte, um **A** als Ganzen ohne Querstrich bestehen zu lassen.

Denn mit dem Querstrich versehen ist *l'Autre* nicht mehr so trans, denn er ist jetzt nur noch der *Andere* des sexuellen Paares, den Mann und Frau eigentlich kennen sollten, um das perfekte Paar zu etablieren. Ich denke erneut, dass es dazu einer Praxis bedarf wie sie die *Analytische Psychokatharsis* bietet, in der auch das Bild-Wirkende zum Ausdruck kommt. Lacan hat dieses in der klassischen Psychoanalyse fehlende Bild-Wirkende, den imaginären Signifikanten, das Es *Strahlt,* mit einem Bezug zur Geometrie, mit Knotenbildungen und topologischen Figuren versucht, was wohl – speziell hinsichtlich des Weiblichen – zu abstrakt, zu nüchtern und abgehoben erschien.

Auf jeden Fall hat sich seine Biographin E. Roudinesco darüber amüsiert und süffisante Bemerkungen dazu gemacht.[17] Ich will es daher mit einem anderen Bezug versuchen, in dem es ebenfalls um eine Wissenschaft vom Subjekt zum Subjekt geht, gleichzeitig aber das Sprachbetonte (1), Wort-Wirkende (Lacan: verbaler Signifikant, Es *Spricht*) und das visuell Betonte (2), Bild-Wirkende (imaginärer Signifikant, Es *Strahlt*) in unterschiedlichen (hinsichtlich meines in diesem Buch zu schildernden selbsttherapeutischen Verfahrens aber kon-

---

[17] Roudinesco, E., Jacques Lacan, Turia & Kant (2011)

kreten) Kombinationen (3) zum Zuge kommen.[18] Dass es also insbesondere auf die Verbindung, Kombination und Legierung (wie Freud sagte) ankommt.

Eine Wissenschaft vom Subjekt hat nämlich immer etwas mit der Drei, der Triade, der Trinität, also einer Mehrheit zu tun, die auch in der Mengenlehre das Mindeste ist, mit dem man zu zählen beginnen kann. Das hat bereits Euklid so formuliert, von dem die Aussage stammt, dass die Eins (μόνος, monos) nur in der Vielheit die Einheit (ἕν, hen) enthält, ein fast mystischer Satz, wäre er nicht wahr, weil es eine absolute Einheit, Einsheit, Eins nicht gibt. Denn es hat auch etwas damit zu tun, dass das seelisch Unbewusste nicht über die Drei hinaus zählen kann. Das Unbewusste „denkt nicht, zählt und kalkuliert nicht, aber es weiß", sagt Freud. Es „ist der Teil des konkreten Diskurses (1) als eines überindividuellen (2), der dem *Subjekt* bei der Wiederherstellung der Kontinuität seines bewussten Diskurses (3) nicht zur Verfügung steht".[19]

Anlässlich eines Besuches im Londoner Zoo, wo der Löwe von drei Löwinnen umringt war, ging es Lacan zwar wieder um Mathematik, aber es handelte sich um eine Mathematik des Eros, also um das, worum es auch in diesem Buch ein bisschen geht. Doch dieser umringte, umschwärmte, von Eros umgarnte Löwe – so Lacans

---

[18] Eine Dreiheit, die ich im Folgenden mehrmals so, mit dieser Bezifferung, anzeigen will.
[19] Lacan, J., Schriften I, Walter (1980) S. 97-98

Kommentar – könne gar nicht bis drei zählen, worauf empörte Zuhörer protestierten. Der Löwe würde genau wissen, dass er drei Liebhaberinnen habe. Doch im rein arithmetischen Sinn hatte Lacan Recht. Der Löwe zählt nicht, er summiert nicht, er hat keine ‚Beziehnis' zur Drei, zu Dreiheit. Für ihn sind drei einfach mehrere, viele, mehrere der gleichen und sicherlich auch einzeln bestimmten Art, und anscheinend genügend. Etwas anderes braucht es nicht. Der Löwe hat keinen Sexualstolz, er weiß nichts von den Freud'schen „phallischen Phase", wo man mit einer Zahl reüssieren muss, weil man mit Φ (griechisch Phi) als dem phallischen Symbol, punkten kann.

Diese Dreiteilung, Dreiheit ist eine „elementare Kategorie, ohne die nichts erfahrbar wäre".[20] Der Signifikant etabliert sich durch eine Dreiergruppierung. Das wird selbst in der banalsten Grammatik sichtbar, wo wir Subjekt, Objekt und Prädikat brauchen, damit etwas genau so verstanden werden kann, wofür, in welche inhaltliche Richtung es gesprochen ist.[21] Und bei Hegel ist es nicht nur These, Antithese und Synthese, sondern auch sprachbezogene Vernunft und ikonische Vorsehung,[22] die die Welt regieren und der Philosoph als Dritter im

---

[20] Lacan, J., Seminar I, Walter (1980) S. 340
[21] ‚Der Wind', ‚pflügt', ‚die Wellen', keine der drei Worte für sich allein oder auch zu zweit macht die Aussage klar, alle drei, Subjekt, Prädikat, Objekt müssen zusammenkommen.
[22] Hegel, F. W., Vorlesungen über die Philosophie der Geschichte, Reclam (1924)

Bunde sich dazu seine Gedanken machen kann. Noch deutlicher wird diese Triade im Witz, wo ein ‚wenig Sinn', das den Witz einleitet, einem ‚Nicht-Sinn' gegenübersteht, wo-durch gerade jener ‚Hintersinn' herauskommen kann, der die Pointe des Witzes ausmacht.[23]

Damit bin ich schon mitten drin in dem, was eine Formel ausmacht, um die es ja in diesem Buch neben dem Trans um die Formel des Subjekts gehen soll. Das lateinische formula ist die Verkleinerungsform von forma, und so gilt die Formel als der „in kürzester Form gefasste, feststehende Ausdruck für einen bestimmten (gesetzmäßigen) Zusammenhang".[24] Der Schriftsteller R. Musil sprach in seinem Roman ‚Der Mann ohne Eigenschaften' von der ‚niedrigsten Zusammenführung', was ich immer noch für die originellste Definition der Formel halte. Denn diese Bezeichnung passt auch viel besser zum Wesen dessen, was ein Subjekt ist oder sein soll. Herkommend vom lateinischen ‚subicere', unterwerfen, unterstellen, ist das Subjekt für den Psychoanalytiker das dem Unbewussten Unterstellte und somit dem Freud'schen Es gleichzusetzen.

Freud definiert das Es als Reservoir der Triebkräfte, die für Lacan aus dem Wahrnehmungs-, Schau-Trieb (dem von mir favorisierten Es *Strahlt*) und dem Entäußerungs-, Sprech-Trieb (Es *Spricht*) bestehen. In einer bestimm-

---

[23] Lacan, J., Les formations des l`inconscient, Mitschrift des Seminars vom 11.12.57, B.R.F.L, Strasbourg S. 91 und 184-186.
[24] Wikipedia: Formel

ten Kombination stellen die beiden den *Anderen* dar, den Dritten in der Psychodynamik des Paares von Mann und Frau, also dem, der in den beiden genießenden Protagonisten als bedeutende Instanz, als groß zu schreibendem A, als eine Verbindung vom Es *Strahlt / Spricht*, steckt. Nur bei den streng Katholischen und den Marxisten stellt Gott diesen <u>nicht</u> quergestrichenen A, dar. Ansonsten ist er ein Dialogpartner wie alle anderen auch, Ⱥ, z. B. auch der Computer.[25]

Bei den Psychoanalytikern sprechen viele (vor allem von der Gruppe der Freudschülerin M. Klein) vom ‚guten, konstanten, inneren ‚Objekt‘ als diesem A ohne Querstrich. Gemeint ist eine gewisse seelische Festigkeit positiver Art, die nicht mehr wie die üblichen seelischen ‚Objekte‘, z. B. das orale ‚Objekt‘, stets neu begehrt und zur Befriedigung wiederholt genutzt werden müssen. Bestes Beispiel: der Gourmet, der für seinen Gaumenkitzel (klein a) stets neue Gelegenheiten suchen muss. Aber ist dieses ‚gute, konstante Objekt‘ wirklich ohne jeden Querstrich, ohne Beimischung von a? Auf jeden Fall ist nirgends eine Formel des Subjekts in Sicht.

Auch beim mentalen Genießen des A mittels der Gedanken des Philosophen beispielsweise, ist der Querstrich, die Verunreinigung durch a im Spiel. Schon Freud meinte, das Denken ist nur ein Umweg, um der Kraft der

---

[25] Ich beziehe mich hier auf den Computerwissenschaftler J. Weizenbaum und sein Programm der Gesprächstherapie namens Eliza. Er hatte Erfolge damit, doch das Programm war viel zu simpel.

Triebe auszuweichen. Denn die Gedanken transportieren nur ein Wissen, das jedes Mal anders sein kann, das nur gelehrt und nicht richtig und voll kommuniziert wird. Meistens gilt das Wissen nur für seinesgleichen, handelt es sich nur um ein psychisches ‚Objekt' ohne Konstanz, das mentale a eben. Lacan betont, dass auch das mentale a wie der Gaumenkitzel auf der Ebene des sexuellen Genießens liegt, auf der des Scheins, was es eben strahlen lässt, zum Es *Strahlt* macht, das aber – so sagt man es modernerweise – nicht nachhaltig genug ist.

Gerade im Idealismus bemerkt man, dass es die Gedanken selbst sind, die sich hochschaukeln und somit den Phantasien ähneln, das eingebildete a, das man unbewusst genießt. Wer wettert nicht in sich selbst über die Politiker, doch es sind die Selbstgedanken, denn man kann ja in der Politik nichts ändern, wenn man nur alle paar Jahre seine Stimme abgibt. Philosophisch ist es am sichtbarsten im Descartes'schen ‚ich denke, also bin ich' zu sehen, denn wenn man wirklich denken kann zu sein, kann man es nicht sagen, und wenn man es sagt, geht es nur um die mentalen a, die darin stecken, man kann es nicht sein. Politiker dürfte nur werden, wer sich Verdienste um die Gemeinschaft erworben, sich sozusagen als A bewährt hat. Warum die kleinen a wählen?

Nun ja, eigentlich, würde ich viel lieber über ganz andere Dinge schreiben, als über die, für die ich ausgebildet bin und in Praxis und Theorie gearbeitet habe: als Arzt mit Schwerpunkt Meditation, die für das Bild-Wirkende und als Psychoanalytiker, der wie gesagt mehr für das

Wort-Wirkende zuständig ist. Denn die fürchterlichen kriegerischen Vorgänge in der heutigen Welt, die Klima- und Umweltkatastrophen, die Abhängigkeit der Menschen von Tabletten und Drogen, die Flüchtlingsdramen, die Slums überbevölkerter Städte, die Kinderarbeit, und vieles andere mehr, treiben mich um und machen einen so hilflos, so ohnmächtig und nichtig. Wie kann man da von wissenschaftlichen Dingen reden, wenn man doch durch ein Handeln, ein Tun, eine Praxis viel eher reüssieren könnte.

Wir brauchen kein ‚Empört Euch‘, wie es der Linksrevoluzzer Stéphane Hessel den jungen Leuten zugerufen hat.[26] Von Revolten haben wir genug erlebt, und so wäre ein ‚Verinnerlicht Euch‘ nach dem alten Slogan ‚Wanted reformers not of others but of selmselves' viel angebrachter. Vereinzelt Euch und erst danach, nach einer Selbstanalyse, nach einer Innenschau plant die Empörung über das Außen. Freilich muss es dabei um eine andere Vereinzelung gehen als um die, die die moderne Soziologie heute festzustellen glaubt, und bei der es sich eigentlich um nichts anderes als eine Isolierung, eine Verichung, Verflachung handelt.

---

[26] Hessel, S., Empört Euch, Ullstein (2011)

3. Singularitäten

In den Medien wird im Moment das Buch des Soziologen A. Reckwitz ‚Die Gesellschaft der Singularitäten' als großer Erfolg gefeiert. In viele Sprachen übersetzt soll es eine Soziologie der Moderne und ‚Postmoderne' darstellen.[27] Während man noch bis in die achtziger Jahre hinein sich im standardisierten und rationalen Allgemeinen aufhielt – so der Autor – finden in der Jetztzeit nur noch affektsüchtige Vereinzelungen (Singularitäten) statt, in denen das Besondere gesucht wird. Der Rationalisierung und dem gesellschaftlichen Reglement sei die übersteigerte Kulturalisierung und die Digitalisierungsmaschinerie gefolgt. Das normale Funktionieren und die soziale Logik des Allgemeinen wird von einer systematischen Hervorbringung von Einzigartigkeiten, von Narzissmen und Singularitäten abgelöst. Das betrifft nicht nur die Tatsache, dass in der U-Bahn hunderte von Einzelpersonen ins Smartphone starren, auch in Urlauben, Einkäufen, Veranstaltungen, kurz: in fast allen Bereichen des Lebens wird nunmehr das Außergewöhnliche und Besondere in der isolierenden Einzelversion erstrebt.

Reckwitz ergeht sich in vielen soziologischen Begriffen und Details, er spricht von den heutigen Aufmerksamkeits- und Attraktivitätsmärkten, die von ständiger kultureller Beobachtung, Bewertung und Hervorbringung

---

[27] Reckwitz, A., Die Gesellschaft der Singularitäten. Zum Strukturwandel der Moderne. Suhrkamp (2017)

künstlich zum Leben gebracht werden. Auch die postindustrielle Arbeitswelt, die noch modern war, hat sich ,postmodern' in ,profan-routinisierte' und in ,kreativ-singuläre' Arbeitstätigkeiten gespalten. Träger dieser neuen Vereinzelungs-Identitäten ist vor allem die akademisierte Mittelschicht, die in tausende einzelne Grüppchen zerfällt, und auf die und deren Problematik schon der Gesellschaftskritiker G. Paoli mit dem Begriff der Kultur-Gentrifizierung hingewiesen hat.[28] Denn auch Paolis Kultur-Gentrifizierer setzen sich aus selbstisolierenden Menschen zusammen, die aus guten Mittelschichtberufen stammen, oft Akademiker sind, Gebildete zumindest, die ständig in Theatervorstellungen und Konzerte gehen, Fitness und Sport betreiben, viel auf Reisen sind, gut verdienen, sich oft untereinander treffen und sich dabei dieses Konglomerat von Meriten immer wieder anerkennend bestätigen.

Sie revoltieren nicht, die rücken einfach ins gemeinsame Zentrum der kulturellen Selbstbestätigung, unterwandern, gentrifizieren also die Kultur ziemlich unmerklich, und so setzen sie auch nichts von dem um, was sie eigentlich denken zu sein: Vorbild für alle. Das heißt, Vorbild sind sie ja, aber eben nicht für alle. Nicht für die Kinder jedenfalls, die zu einem hohen Prozentsatz immer noch in deutlicher Armut aufwachsen, nicht „für diejenigen, die sich in der globalen, offenen Welt nicht zurechtfinden, Menschen, die auf keiner Gästeliste stehen; ,abgehängte' Frauen und

---

[28] Paoli, G., Die lange Nacht der Metamorphose, Matthes & Seitz (2017)

Männer, die weder kreativ noch vernetzt sind, die kein Englisch können, KZ-Hühnchen bei Aldi kaufen, RTL2 schauen und sich am Stammtisch gegen die da oben echauffieren und sexistische Witze reißen".[13]

Alles ist eigentlich nur noch ‚Pseudo', und das heißt doch schon wieder Trans. Nichts ist mehr tiefgründig, ehrlich, echt, psycho-sozial und geopolitisch vernünftig, reich und gut. „Konservativ sind nur noch die Unterschichten, rückständige Muslima, Wutbürger, Versager. *White trash.*" Es ist wirklich schwer, sich noch in der Welt auszukennen, gelungen an ihr teilzunehmen, schlicht authentisch und doch konstruktiv zu sein. Freilich war dies auch früher nicht anders. Vor allem gab es in der vergangenen Geschichte Europas ja nur grauenhafte Kriege, stetiges Ringen um weltliche oder sogenannt ‚geistige' Macht, intrigante Ideologien, total versteckte Perversionen und Korruption. Heute kann jeder seine Perversion ausleben, ein Mann kann immer wieder eine andere Frau haben und noch zahlreiche andere im Kopf dazu (das ist die Perversion der Heterosexuellen), Schwule können sich in großen Umzügen als fortschrittliche Narren zeigen (das ist die Irrealität der Homosexuellen), Korrupte als geniale Finanzgrößen und Ideologen als Ewiggestrige.

Das ‚Pseudo' ist also vielleicht doch etwas besser geworden, wären da nicht die Reckwitz'schen Singularitäten und vor allem die Vereinzelungs-Subjekte. Sie sind zwar auch kreativ, schreibt er, aber nur einzeln für sich, während ich für den Einzelnen plädiere, der sich nicht vereinzelt, sondern im Rahmen der *Analytischen Psycho-*

katharsis im kollektiven Unbewussten wiederfindet. Das Unbewusste ist zwar das eines jeden, hat aber Anteil an Strukturen, die das Kollektiv betreffen. Aggressiv-Sexuelle-Konflikte sind bei den meisten Menschen verdrängt, und die psychischen Abwehrmechanismen hinsichtlich dieser Konflikte haben kollektiven Charakter.

Die Vereinzelten dagegen sind oft auch die Verschwörungstheoretiker, aber sie prahlen mit ihrer Singularität auch noch. Kultur wird nur noch bezüglich Nützlichkeit und Funktionalität Wert zugeschrieben, kurz: es wird alles pauschaliert. Singularitäten – schreibt Reckwitz weiter – sind keine objektiven Fakten, sondern hängen von Praktiken der Singularisierung ab: Singularisiert werden Dinge, Subjekte, räumliche Einheiten (Orte), zeitliche Einheiten (Ereignisse) und Kollektive (Gemeinschaften etc.). Alles isoliert sich, Phantasien blühen, Eigenheiten werden gefeiert, und Deutschland schafft sich nicht deswegen ab, weil zu viele Flüchtlinge ins Land gekommen sind, wie der Bestseller-Autor T. Sarrazin meinte, sondern weil es sich nicht mehr erkennt, weil es sich zerstreut und zerstückelt hat.

Wieder wird uns nur Wissen gelehrt und aufgedrückt, mentales a, was aber wirklich Vermittlung sein würde, ist die aufs Subjekt bezogene F o r m e l.[29] Ich schreibe es so, denn sie kommt dem nicht gebarrten A nahe, auch wenn ich dabei nicht an die bei Lacan so beliebten mathematischen und geometrischen (topologischen) For-

---

[29] Lacan, J., Seminaire XIX, Edition Seuil (2011) S. 113

meln denke. Doch Lacan sagt zu Recht, dass das Wissen immer nur gelehrt, immer nur als etwas Gewusstes ausgedrückt und nicht wirklich übertragen wird. Man muss es vollkommen kommunizieren können, damit man es ganz begreifen kann. Alle objekt- und subjektbezogenen Komponenten, alle Bildpixels, alle Wortsyllaben müssten darin exakt verbunden sein. Eine derartige Weise der *Strahlt / Spricht*-Übertragung wird bereits in der Apokalypse des Johannes beschrieben.

Dort heißt es, Johannes soll „das Buch essen". Es genügt nicht, dass er es liest und dann Wissen davon hat. Er muss es assimilieren, voll in sich aufnehmen, essen, einverleiben. So gesagt handelt es sich freilich um eine magisch-mythische Aussage. Auch die Transsubstantiation des Leibes Christi in der Hostie stellt eine solche mystische Formulierung dar. Die Schreiber der Bibel hatten noch keine wissenschaftlichen Formeln zur Verfügung, die das Wissen erklärend darlegen und modern, direkt und beweisend übermitteln würden. Dies ist ein großer Unterschied zu früheren Zeiten, in denen man totales Vertrauen in die Person des Wissensvermittlers haben musste. Man musste ihn anbeten. Heute muss man verstanden haben, inwiefern eine Formel wirklich eine Formel ist, in der das Wissen kompakt, angelehnt an das mathematische Vorgehen wie in der *Strahlt / Spricht*-Konfiguration übermittelt wird.

Lebhafte Materie

Aber die Gesellschaft der Singularitäten gibt wieder ganz anderen, modernen und ebenso exzentrischen Autoren Auftrieb. So gelten plötzlich Schriftsteller und Lebenskünstler wie Thoreau und Guattari bis hin zu Bruno Latour und Jane Bennett, die alle einem ‚vitalen Materialismus' huldigen, indem sie selbst Materialität als lebendig begreifen, als Retter in der Not der sozialen Logik. Auf jeden Fall schreibt die Redakteurin Kirstin Breitenfellner einen Kommentar zu einem neuen wissenschaftlich anmutenden und ökopolitischen Buch der gerade genannten Philosophin Jane Bennet.[30] Sie meint, dass diese kultur-ökologischen Debatten a la Reckwitz, Paoli und zahlreicher weiterer Autoren, die sich in dem Buch ‚Die große Regression' versammeln,[31] zwar flammende Handlungsappelle produzieren, diese jedoch – typisch für die momentane Demokratie – ohne Folgen bleiben.

„Um ihr zu mehr Wirksamkeit zu verhelfen, hat sich eine Reihe von Denkern aufgemacht, ihre Grundlagen radikal zu hinterfragen. Der Theoretiker der Occupy-Bewegung, Charles Eisenstein, schrieb mit „Klima. Eine neue Perspektive" (dt. 2019) eine radikale Kritik der Konzentration auf die CO_2-Reduktion, der Philosoph Timothy Morton kritisierte mit „Ökologisch sein" (dt. 2019) das Zumüllen der Medienkonsumenten mit apokalyptischen Daten. Beiden ist daran gelegen, das Bewusstsein dafür

---

[30] Breitenfellner, K., In der Zeitschrift FALTER, Nr. 32 vom 07. 08. 2020 (S. 30)
[31] Geiselberger, H., Herausgeber, Die große Regression. Eine internationale Debatte über die geistige Situation der Zeit, Suhrkamp (2017)

zu schärfen, dass alle Lebewesen verbunden sind, und neue Denkstile und Erwartungshorizonte zu entwickeln".

„In dieselbe Kerbe", heißt es in einer Rezension, „schlägt also auch Jane Bennett in ‚Lebhafte Materie‘, eine politische Ökologie der Dinge‘, das mit zehn Jahren Verspätung nun endlich auf Deutsch vorliegt.[32] Die US-amerikanische Philosophin stellt darin die verbreitete Annahme infrage, dass es eine unüberbrückbare Kluft zwischen Leben und Materie, Mensch und Tier, Wille und Determinismus gebe. Da diese Kluft dazu führe, dass der Mensch sich von seiner Umwelt getrennt fühle, propagiert sie einen neuen Wahrnehmungsstil und fährt dazu eine Reihe anspruchsvoller Begriffe auf". Auch ihre These von Mensch/Natur als Einheit hört sich wieder nach Formel an. Und weiter:

„Vitalen Materialismus nennt Bennett ihre Theorie, und sie möchte damit dem Trans auskommen, indem sie diesen Begriff mit so theoretischen wie überzeugenden Argumenten untermauert. Dabei stützt sie sich weniger auf Naturwissenschaftler denn auf Philosophen, von Epikur über Nietzsche bis zu Bruno Latour. Trotzdem sind ihre Beispiele konkret. Da geht es etwa um die schöpferische Handlungsmacht von Materie (wenn Metalle in Weichtiere einwandern und so Knochen bilden) oder Gefügen (wie dem Stromnetz), um nicht menschliche Aktanten in

---

[32] Bennett, J., Lebhafte Materie. Eine politische Ökologie der Dinge, Matthes & Seitz (2020)

Gerichtsprozessen (wie etwa Schmauchspuren). Bennet plädiert für eine milde Form von Anthropomorphisierung à la Darwin, der sogar bei Würmern Absichten erkannte, um das Verhältnis von Personen und ‚anderen Materialitäten' zu enthierarchisieren – und sich damit in Richtung eines ökologischeren Bewusstseins zu bewegen. Ein Augenöffner".

Jane Bennett plädiert dafür, dass wir über alle Dinge und Lebewesen so reden wie über Menschen. Denn: Wir werden uns nur dann ökologisch verhalten, wenn wir zuvor unser Weltbild von Grund auf erneuern. Obwohl ‚Lebhafte Materie' im englischen Original schon vor zehn Jahren erschienen ist, passt dieses Buch perfekt in das Jahr 2020. Die zentrale These der Autorin lautet: „Materie ist aktiv – und sie hat bisweilen sogar politische Handlungsmacht". Der Mensch muss eben wieder zur Natur als seiner eigenen, eigentlichen Natur zurückkehren, Psychoanalytiker sagen: zu frühen psychischen Entwicklungsstufen regredieren, oder noch tiefgründiger, Involution statt Evolution betreiben.

„Wann sollte diese Aussage [dass die Materie lebt] plausibler sein als heute, wo ein kleines Virus die ganze Welt in Atem hält? Jane Bennett entwirft ein philosophisches Modell, das es erlaubt, Dinge tatsächlich als aktivhandelnde Faktoren in der Welt zu begreifen. Dieser „vitale Materialismus", wie sie ihre Position nennt, beruht auf der Annahme, dass die Unterschiede zwischen der menschlichen, tierischen, pflanzlichen und mineralischen Seinsweise nicht ganz so eindeutig festzulegen sind, wie es die westliche Denktradition üblicherweise nahelegt. Für Bennett ist das kein bloß akademisches Spiel, sondern die Grundlage einer zutiefst politisch-ökologischen Haltung".

„Im ersten Teil ihres Buches versucht sie, die „Macht der Dinge" an Beispielen zu belegen. Angeblich leblose Gegenstände bieten Widerstand, oder sie rühren und verführen uns, sie können in Gerichtsprozessen als Zeugen dienen. Angeblich von uns getrennte Stoffe, wie Nahrung, beeinflussen die Stimmung. Nicht zuletzt sind wir Menschen ja selbst essbare Materie. Wir werden uns nicht ökologisch verhalten, wenn wir nicht zuvor ökologisch denken, meint Bennett. Und hierzu brauchen wir ein neues Weltbild, das nicht mehr von der Vorherrschaft des Menschen ausgeht, das nicht kategorisch zwischen belebt und unbelebt unterscheidet und das nicht stur mechanistisch von feststehenden Ursache-Wirkungsketten ausgeht".

Bennett untersucht die politischen und theoretischen Implikationen des vitalen Materialismus durch ausführliche Diskussionen über alltägliche Dinge und physikalische Phänomene wie Stammzellen, Fischöle, Elektrizität, Metall und Müll. Sie reflektiert die Lebenskraft von Materialformationen wie Mülldeponien, die lebhafte Ströme von Chemikalien erzeugen, und Omega-3-Fettsäuren, die die Chemie und Stimmung des Gehirns verändern können. In allem, was uns als seltsam zufällig erscheint, findet die Autorin zwar nicht rational bewusste, aber doch auch von Dingen ausgehende Zielstrebigkeiten, die ins menschliche Unbewusste einstrahlen und dort wahrge-nommen werden könnten.

Zitat aus Bennetts Buch: „Ein Leben benennt also eine rastlose Aktivität, eine destruktiv-schöpferische Kraft-Präsenz, die nicht völlig mit einem bestimmten Körper übereinstimmt. Ein Leben zerreißt das Gewebe des Ei-gentlichen, ohne jemals vollständig in einer Person, an einem Ort oder in einem Ding „herauszukommen". Ein Leben weist auf ... ,Materie in Variation', die in Ver-sammlungen eintritt und sie verlässt. Ein Leben ist eine Vitalität, die nicht irgendeinem Individuum eigen ist, sondern ,reiner Immanenz' oder jenem proteischen Schwarm, der nicht real ist, obwohl er real ist: ,Ein Le-ben enthält nur Tugenden. Es besteht aus Virtualitäten. Die reine Kraft eines Lebens kann sich als Seligpreisung manifestieren oder als unaussprechliche, schiere Ge-walt".[33]

Klingt alles nicht unplausibel, wenn auch ungenau, nicht streng logisch, und stellt auf keinen Fall eine Formel dar, und ist auch nicht eine Wissenschaft v o m Subjekt. Es handelt sich um eine subjektive, mythische, ja fast magi-sche Wissenschaft, die wie in der Mystik das ungebarrte **A** anstreben. Doch funktioniert das und genügt es heute noch? Man kann eine Philosophie daraus machen, wa-rum nicht. Schließlich geht es nicht um eine Formel des Subjekts selbst, denn dafür ist Bennetts Aussage einfach

---

[33] Bennett, J., Lebhafte Materie. Eine politische Ökologie der Dinge, Matthes & Seitz (2020)

nicht f o r m a l genug. Trotzdem umkreist sie einen wahren Kern, den sie jedoch noch weiter einkreisen müsste. Nur das rein Philosophische wird nicht ausreichen. Im Gegenteil, es besteht die Gefahr, dass alles zu schwärmerisch wird.

Der Philosoph G. Deleuze und der Psychoanalytiker F. Guattari waren in ganz anderer Weise als Bennett dahin gekommen, Leben, Lebendiges, Vitales in der Materie zu sehen. Sie waren allerdings mehr ökologisch-linkspolitisch und psychoanalytisch orientiert und erklärten, dass das Unbewusste durch die familiäre Struktur des Ödipuskomplexes zu sehr auf die Beziehung Vater/Mutter/Kind zurechtgestutzt wird. Die bürgerliche Repression bestehe darin, „die europäische Menschheit unter dem Joch von Papa und Mama zu belassen".[34] Das unbewusste Wünschen, das Begehren, der Trieb, sei im Grunde genommen nämlich „elternlos, es erzeugt sich selbst in der Einheit von Natur und Mensch".[35]

Diese Einheit besteht aus Maschinen des Verlangens, des Begehrens und Wünschens (machines désirantes). Mensch und Natur sind nicht einfach vorhanden, sondern einzig Prozesse, die das eine im anderen erzeugen und die Maschinen aneinanderkoppeln",[36] die Einschnitte und Entnahmen ausführen, je nachdem wie sie ‚flie-

---

[34] Deleuze, G., Guattari, F., Antiödipus, Kapitalismus und Schizophrenie I, suhrkamp wissenschaft (1977) S. 63
[35] Deleuze, G., Unterhandlungen, Suhrkamp (1993) S. 29
[36] Deleuze, G., Guattari, F., Antiödipus, Kapitalismus und Schizophrenie I, suhrkamp wissenschaft (1977)

ßend', ‚trennend' und als ‚organloser Körper im ständigen Werden' kombiniert sind. Auch hier ist also wieder die Mensch/Materie-Einheit herauszuhören, diesmal tatsächlich mehr auf der Basis einer Subjektwissenschaft. Aber eine Formel des Subjekts kommt genauso wenig zustande wie bei Bennett.

Und so entwickelten die beiden Autoren (Deleuze und Guattari) die Formulierung, dass strikter Kapitalismus und Schizophrenie korrelierende Vorgänge seien, deren verwerfliche und schlecht gefasste Kombination man gesellschaftlich angehen müsse. Doch sollte dies nicht in einer gewalttätigen und nur im Äußerlichen verbleibenden Revolution geschehen, sondern in einer Art von politischer Selbstanalyse: „Bildet Rhizome und keine Wurzeln, pflanzt nichts an! Sät nichts aus, sondern nehmt Ableger! Seid weder eins noch multipel, seid Mannigfaltigkeiten! Zieht Linien, setzt nie einen Punkt! Geschwindigkeit macht den Punkt zur Linie! Seid schnell, auch im Stillstand! … Habt kurzlebige Ideen. Macht keine Fotos oder Zeichnungen, sondern Karten".[37]

Auch das ein klares Bestreben ohne Trans auszukommen. Deleuze behauptete, er habe nie Schizophrene gesehen, sondern nur ein allgemeines seelisches Gespalten-Sein, das aus dem Missverständnis der kapitalistischen Gesellschaft resultiert, und so muss eben alles überwunden werden, was Freud zwar anfänglich kreativ entwi-

---

[37] Deleuze, G., Guattari, F., Tausend Plateaus, Kapitalismus und Schizophrenie I I, suhrkamp wissenschaft (1992)

ckelt hat, jedoch dann von ihm und allen, die ihm folgten verwässert, fehlgeleitet und verklemmt wurde. Doch war der Aufruf zur radikalen Erneuerung des Unbewussten durch Deleuze und Guattari in die Studentenrevolte der 68er Jahre eingebettet und von der damaligen Bewegung der Antipsychiatrie des Italieners Franco Basaglias mitbestimmt. Tatsächlich wurden in Italien die Nervenkliniken abgeschafft und vermehrt Pflegeeinrichtungen mit verstärkt sozialem und psychologischem Engagement gegründet, die bis heute bestehen (auch wenn es vereinzelt weiter Nervenkliniken gibt und ähnliche Reformen auch in der Schweiz zustande kamen).

2017 wurde vom Philosophen und Historiker F. Dosse ein über achthundert Seiten umfassendes Buch über Deleuze und Gauttari in Deutsch veröffentlicht.[38] Darin wird auch Bezug genommen, wie das Werk der beiden sich weiter entwickelt hat. Es hat Städteplaner und Philosophen beeinflusst und auch bei Psychologen und Soziologen Wirkung hinterlassen, aber eine wirkliche, erneuernd wissenschaftliche Bewegung ist nicht daraus entstanden. Umso wichtiger ist dennoch der Versuch, ein scheinbar physisches Gebilde anzunehmen (die machines désirantes), das zwar nicht biologisch, chemisch, physikalisch nachgewiesen werden kann, aber das auf der unterschiedlichen Kombination von Kräften (Trieben, Wünschen etc.) in konkreter Form aufbaut. Damit korreliert es exakt mit den Vertretern der Auffassung von ,lebender Materie'.

---

[38] Dosse, F., Gilles Deleuze, Felix Guattari, Turia % Kant (2017)

Allein das kombinatorische Element von zwei Grund-Intentionen, dem Bild- und dem Wort-Wirkenden, genügt mir vorerst und ich will es auch in diesem Buch als das Wesentliche des von mir entwickelten psychotherapeutischen Verfahrens (*Analytische Psycho-katharsis*) darstellen, das der Forderung nach einer Wissenschaft vom Subjekt und auch der entsprechenden (verbalen) und bildkorrelierenden (imaginären) Formel gerecht wird. Ich sehe die zwei Grundkräfte, Grundintentionen zwar nicht so speziell in Natur (Materie) und Mensch (Subjekt) wie es Bennett und das Paar Deleuze/Guattari tun, sondern halte mich mehr an den französischen Psychoanalytiker J. Lacan, der Freud noch relativ folgend, statt von der Natur (oder Materie) vom Wahrnehmungs- bzw. Schautrieb und hinsichtlich des Menschen (des Subjekts) vom Entäußerungs- bzw. Sprechtrieb ausgeht.

Natur	Mensch
Bild-Wirkendes	Wort-Wirkendes
imaginärer Signifikant	verbaler Signifikant
Es Strahlt	Es Spricht
Schautrieb	Sprechtrieb
Spiegelung	Echo, Widerhall

Um die verschiedenen Begriffe zu ordnen, hier ein Schema, das auch später verwendete Begriffe enthält. Denn das Wahrnehmen ist ja irgendwie auch ein Wirklichnehmen, und sich sprechend zu äußern gilt als das Hauptmerkmal des sich äußernden menschlichen Subjekts. Allen Begriffen ist die Libido als energetisch Verbindendes und das Aggressive als Trennendes gemein. Nun weisen ja alle Autoren auf das Kombinierende hin, das in dem von mir inaugurierten Verfahren in einer besonders f o r m a l e n Weise zum Tragen kommt und nicht durch die politisch-ökologischen Parameter der geschilderten Autoren (Reckwitz, Bennett, Deleuze, Guattari) gewährleistet wird. Ich verbildliche es in dem obigen Schema in Form des Schrägstrichs (slash), der Verbindendes und Trennendes enthält. Später nehme ich dazu noch weiterhin Stellung und fahre noch einmal mit Hinweisen auf die Natur/Materie-Thematik im nächsten Kapitel fort.

Doch das Wesentliche, um das es ganz generell geht, ist die Art der Kombination der Grundintentionen und nicht die Intentionen selbst. Damit schaffe ich eine neutralere, wissenschafts-gerechtere und plausiblere Ausgangsbasis als es die anderen Autoren tun. Mit Autoren sind auch noch weitere Personen aus Philosophie, Wissenschaft und Psychoanalyse gemeint, die ich nur zum Zweck des besseren Verständnisses zitiere. Denn das Verfahren der *Analytischen Psychokatharsis* ist in seiner Praxis äußert einfach, doch um dazu Vertrauen zu haben, muss ich von den verschiedensten Seiten Darstellungen, Vergleiche, Kritik und eben mangelnden F o r m a l i s m u s herausstellen.

Suggestion, strikte Aussagen und als Beweise getarnte Feststellungen gehören nicht dazu. Die eigentlichen Schritte muss jeder selber tun, indem er die schon angekündigten Formeln benutzt, die folglich nur ein rein formales Wissen enthalten. Denn das, das gelehrt oder wissenschaftlich verbrämt und nicht das unbewusst Eigene ist, ist wie gesagt nicht viel wert.[39] Es dient momentanen Erkenntnissen, sachlich bemessenen Aufgaben und professionellen Lösungen, aber nicht dem treffenden Einschlag, der durchgreifenden Formel.

Als Arzt habe ich mich vorwiegend an schulmedizinische Vorgaben gehalten, auch wenn ich oft alternativ Medizinisches oder psycho-soziale Aspekte einfügen konnte. Und als Psychoanalytiker ging es mir genauso. Man musste sich an die Stundenfrequenz und –dauer halten, musste Gutachten erstellen, die man eigentlich erst am Ende der Behandlung hätte abgeben können. Denn umgekehrt wie in der Medizin, kommt in der Psychoanalyse die Diagnose zum Schluss, wenn alles geklärt ist. Überall war man also sehr beengenden Regularien unterworfen, die sich auf beherrschendes Wissen bezogen. Schließlich brachten verschiedene Schulrichtungen unterschiedliches und verworfenes Wissen zustande. Durchschlagende Formeln entwickelte niemand (lediglich Lacan in der Theorie). Und so will ich es in diesem Buch versuchen, um endgültig das Trans zu verlassen.

---

[39] Lacan, J., Seminaire XIX, Edition Seuil (2011) S. 113

4. Gopi Krishna

Mitte des letzten Jahrhunderts fiel der indische Pandit (Beamter) Gopi Krishna nach jahrelangen, verschiedenen Yogaübungen in einen seelisch-nervlich chaotischen Zustand. In seiner Autobiographie beschreibt er sehr genau, was ihm eines Tages im Alter von etwa vierunddreißig Jahren passiert war. Er hatte schon viele Jahre Meditationsübungen durchgeführt, bei denen er sich in eine strahlende Lotusvision vertiefte, aber an jenem Tag verstärkte sich die Vision zu einem massiv verändernden Bewusstseins-Zustand. Er fühlte „einen Strom flüssigen Lichts tosend wie ein Wasserfall vom unteren Ende her durch die Wirbelsäule ins Gehirn eindringen". Die Lichterscheinungen wurden so stark, dass sie blendeten, gleichzeitig hörte er schrille Töne und Klänge und spürte, wie er völlig aus seinem Körper herausgezogen wurde.[40] Es ist da, hätte er denken können, Es alleine.

Sein Körper, seine Sinnesorgane, sein Ich – so sagte er es zumindest – gerieten in einen Taumel von inneren Wahrnehmungen, Schlaflosigkeit und körperlichen Verfalls. „Ich war nicht mehr länger ich selbst", schrieb er. Anfangs konnte er sich noch beruhigen und versuchte erneut seine Übungen. Aber nach einigen im Gehirn ausgelösten Verzückungserlebnissen verschlimmerte

---

[40] Gopi Krishna, Kundalini, Erweckung der geistigen Kraft im Menschen, O. W. Barth Verlag (1968) S. 10. Im Folgenden gebe ich nur vereinzelt die Seitenzahl an.

sich der Zustand ganz erheblich. Eine dunkle Wolke der Depression befiel ihn und ließ ihn in einen permanenten Schrecken erstarren. „Ich ahnte, dass ich von diesem Tage an niemals mehr mein altes, natürliches Ich sein würde". Furchtbare Nächte mit wild drehenden Kreisen des Lichtstroms im Kopf und Tage ohne die Fähigkeit, etwas zu essen folgten. Jetzt war Es da, keine Frage. Es, für das er immer geübt, von dem er sich aber ganz andere Vorstellungen und Erwartungen gemacht hatte.

Erst nach längerer Zeit gelang es ihm, einen Schluck Milch mit etwas Brot zu sich zu nehmen. Nach monatelangen Qualen, in denen ihn die Visionen (oder soll man doch sagen: Halluzinationen) nicht schlafen ließen und er sich ständig erschöpft und müde fühlte, konnte Gopi Krishna sich etwas stabilisieren. Doch es kam nach Monaten und Jahren noch zwei-, dreimal zu erheblichen Rückfällen, die noch schlimmer waren als die in den ersten Wochen. Noch zehn Jahre nach der Ersterfahrung und lange Zeit gutem Allgemeinbefinden, aber anhaltendem Lichtströmen im Körper, begannen die grellen und tosenden Phänomene in Kopf und Körper erneut so stark zu toben, dass er bis zum Skelett abmagerte und mit seinem Tod rechnete.

„Es war ein Mahlstrom fürchterlicher überirdischer Mächte", schrieb er später über diese Erfahrung. „Ohne es zu wollen, ohne Vorbereitung . . . hatte ich unwissend den Schlüssel zu den meist behüteten Geheimnis der Alten berührt. Von nun an hing mein Dasein an einem Faden, der zwischen Leben und Tod hin- und herschwang, zwischen Gesundheit und Wahnsinn, zwischen Licht und Finsternis, zwischen Himmel und Erde".[12] Wenn dies auch etwas melodramatisch, pathetisch und exaltiert klingt, für einen Sucher nach den unbewussten Kräften, einen am Geistigen neugierig Interessierten, einem Psychofreak, ist das die in Indien übliche Sprache. Und Gopi Krishna sah sich später natürlich nicht als Psychofreak, sondern als Sadhu, Sant, als Yogi.

Es brauchte viele weitere Jahre, bis sich seine Verfassung weithin zu einer zwar immer noch nicht normalen Ausgangsstufe besserte. Er erreichte nunmehr jedoch eigenartige Zustände, die an Hellsichtigkeit und mystische Ekstasen erinnern könnten, und die jetzt positiv für ihn waren. So verfiel er in eine „Halbtrance", in der sich ihm Gedichtreime aufdrängten, die immer bedrängender wurden. Etwas in ihm befahl ihm geradezu, schließlich auch Reime in Deutsch, Französisch und Italienisch zu schreiben, in Sprachen also, die er überhaupt nicht kannte. Es war wohl ein zu weit gehendes Sich-Hineinsteigern, das ihn dann auch so belastete, dass er wieder Ruhephasen und Ablenkung benötigte. Irgendwann hatte sich diese Art von Trans – wenn ich dieses Wort, Symbol, Chiffre dem Titel des Buches entsprechend erneut so verwenden darf – dieses Trans, das Gopi Krishna die Kundalini nannte,[41] mit ihm soweit in verträglicher Form

---

[41] Der Kundalini-Yoga ist ein In Indien bekanntes Verfahren, das wegen seiner Risiken bekannt ist. Weiteres dazu später.

verbunden, dass er sich jetzt auf Besseres, Wichtigeres und positiv Neues konzentrieren konnte.

Zweifellos war es einerseits ein Trans, das auf bildhaften Ereignissen, Erscheinungen, Lichtern und Imaginär-Realem beruhte und nicht auf etwas Symbolisch-Realem wie oben angedeutet. Dieses Trans stand dem Cis seines bürgerlichen Beamtenlebens krass gegenüber, aber dass als Drittes, als Zusammenschluss, ja Kurzschluss der beiden Es nun da war, Es als der Einbruch des Realen, wird in Gopi Krishnas Erleben besonders deutlich. Das Imaginäre (Bild-Wirkende), das Symbolische (Wort-Wirkende) und das Reale (Real-Wirkende) sind die drei wesentlichsten Kategorien in der Lacanschen Psycho-analyse. Meistens stehen zwei davon dem dritten gegen-über und bilden so bestimmte Schwerpunkte. So ist das Reale, das stets hartnäckig an seinem Platz ist, zweifel-los dasjenige, auf das Gopi Krishna in heftigster Form trifft, doch es ist eben vermischt mit stark bildhaften, imaginären Erscheinungen. Das Symbolische fehlt ihm dafür noch, erst viel später wird er es in dem im Yoga bekannten Begriff der Kundalini, der Schlangenkraft finden.

Nun wird dieser Begriff auch nicht der schlüssigste sein. Westliche Wissenschaftler wie der damalige Leiter des Münchner Max-Planck Instituts für Psychiatrie Professor P. Matussek und der Naturwissenschaftler und Philosoph F. v. Weizsäcker, die in späteren Jahren mit Gopi Krishna zusammentrafen, waren überzeugt, dass er eine schwere Psychose hatte. Für die Psychiater war es eine logische Konsequenz, dass jemand, der sich jahrelang ein Bild vorstellt, ja stark versucht es zu verinnerlichen, irgendwann verrückt werden muss. Allerdings war die Art der Psychose rätselhaft, da sich Gopi Krishna in keine Behandlung begab (er suchte wohl Ratgeber auf, die nichts erreichen konnten), sie nicht mit dem äußeren Realitätsverlust einherging wie es bei schizoaffektiven oder schizophrenen Psychosen der Fall ist, und es auch zu einer Art von spontaner Besserung kam.

Es besteht ja das Problem, dass man sich damit schwertut, ob man eine mehr dem indisch-asiatischen oder dem westlichen Kulturkreis zugehörige Sprache, Ausdrucksweise verwenden soll. Wie soll man das Wort Kundalini in eine abendländische, akademische Sprache übersetzen? Natürlich hat es christliche Mystiker gegeben, die ähnliche Erlebnisse hatten wie die von Gopi Krishna erfahrenen, so etwa Hildegard von Bingen, Mechthild von Magdeburg, Theresa von Avila, Johannes vom Kreuz und Jakob Böhme, um nur einige zu nennen. Sie haben von Feuer und ‚Visionen' gesprochen, allerdings nicht von einer Schlangenkraft im unteren Bereich der Wirbelsäule, wo die Kundalini eingerollt liegen soll.

Rein psychiatrisch – und jetzt ganz westlich – würde ich und wohl auch andere Fachleute bei Gopi Krishnas Zuständen von einer symptomatischen Halluzinose sprechen. In Frage käme aber auch eine ‚bipolare Störung', da bei Gopi Krishna oft grandiose, manische Höhen und

Beglückungen im Wechsel mit schweren, körperlich zehrenden Depressionen einhergingen.[42] Zu diskutieren wäre auch eine ausgeprägte dissoziative Störung (Spaltungserfahrung), wofür das Oszillieren des Bewusstseins in übergroße Weiten und Rückkehr zur Norm sprechen würden.[43] Auch an ein Epilepsieäquivalent könnte man denken, weil bei den gesteigerten, rauschartigen Erlebnissen etwas Anfallsähnliches passiert.

Die Halluzinosen sind meistens durch Vergiftungen verursacht, am häufigsten findet man die Alkohol-Halluzinose, in der die Patienten oft chronische Trinker sind und irgendwann in diesen Zustand verfallen, den man dann von anderen Psychosen, organischen Hirnerkrankungen oder psychischen Störungen abgrenzen muss. Ich habe zwei Jahre lang in psychiatrisch-neurologischen Kliniken gearbeitet und einige derartiger Fälle gesehen. Sie hatten alle ähnliche Symptome wie sie bei Gopi Krishna zu finden waren, Laut- und Lichterscheinungen, aber auch Stimmenhören. Letzteres wurde von Gopi Krishna nicht erwähnt, erst später berichtete er, wie er wunderbare Töne und Klänge hörte, woraus sich ihm die erwähnten Verse und Weisheitssprüche in verschiedenen Sprachen aufgedrängt hätten.

---

[42] Förstl, H., Klinische Neuro-Psychiatrie, Thieme, (2000) S. 409

[43] Fiedler, P., Dissoziative Störungen und Konversion, Beltz Verlag (1999)

Etliche der Symptome, die Gopi Krishna erlebte, muss man nicht übermäßig pathologisieren. Dissoziationen, psychische Abspaltungen, sind ein bei allen Menschen anzutreffendes Phänomen, schon weil der Mensch grundsätzlich in die Welt der Biologie und in die der Sprache, also einer real-imaginären und einer real-symbolischen Ordnung im Unbewussten gespalten ist. Im Rahmen des indischen Yoga und der indischen Kultur wird dieses Unbewusste anders gehandhabt, anders zusammengeflickt, wie in der westlichen Kultur und Wissenschaft. Trotzdem ist man berechtigt, bei Gopi Krishna von dissoziativen, aber auch psychotischen Störungen zu sprechen, da er ja sehr lange und sehr viele negative, belastende, das Leben erheblich störende Symptome aufwies. Umso besser, wenn er sie durch Yoga und später durch sachlich betonte Erklärungen behandeln, bessern und damit auch in Vorträgen und Büchern reüssieren konnte.

So geben z. B. auch die Depersonalisationserscheinungen wie das eingangs zitierte ‚nicht mehr ich selbst sein‘, oder wie Fachleute schreiben, „dem ständigen oder wiederholt auftretenden Gefühl von losgelöst Sein von den eigenen geistigen Prozessen oder vom Körper", klare und eindeutige Hinweise für die Diagnose der Dissoziation.[44] Aber auch alle anderen Symptome, die Gopi Krishna schilderte, passen in diese verschiedenen Rah-

---

[44] Saß, H., Wittchen, H.-U. & Zaudig, M. Diagnostisches und Statistisches Manual Psychischer Störungen, DSM-IV (1996)

men. Ich betone nochmals, all dies muss nicht ausdrück-
lich als krankhaft bezeichnet werden. Aber man kann
auch nicht moderne, westliche Wissenschaften von einer
Beurteilung der Phänomene ausschließen, nur weil sie in
Indien passieren. So muss ich also vorerst bei unterschiedlich gehandhabten Ausdrücken und Formulierungen bleiben. Ich will und werde aber eine Ost und West
zusammenführende Form finden, ein Trans über beide,
das aber dann kein Trans mehr sein wird, sondern eine
Praxis für jeden, der will, dass Es da ist und begriffen
werden kann.

Zusammenfassend kann man also sagen, dass die Diagnose von Prof. Matussek nicht ganz richtig war. Eine
schizophrene Psychose war es sicher nicht, eher also eine Halluzinose, die dem Psychotischen verwandt ist, o-
der eine dissoziative Störung, die im Fall von Gopi
Krishna durch falsch angewendete oder übertriebene
Yogaübungen zustande gekommen sind. Offensichtlich
hatte er keinen versierten und seriösen Yogalehrer, der
Fortschritte in den Übungen hätte kontrollieren können
und ihn – selbst wenn es zu Zwischenfällen gekommen
wäre – noch lange begleitet hätte. Aber vielleicht wäre es
dann nicht zu den sensationellen Erfahrungen gekommen, die er durchgestanden hat. Wesentlich geholfen hat
ihm auch seine Frau, wie er selber mehrmals bestätigte.

Letztendlich, als er 1968, also dreißig Jahre später, wirklich genesen war, verfasste er das Buch, in dem er schilderte, dass es sich bei ihm um die Erweckung der im

Yoga seit langem bekannten Schlangenkraft, der Kundalini, gehandelt habe.[45] Auch in weiteren Büchern erklärte
er die Kundalini als eine aus den biologischen Zeugungsorganen entstehende Kraft, auch ‚feinstoffliches
Sekret' oder Sexualenergie genannt, die bis ins Gehirn
steigt und dort ihre Wirkung entfaltet. Wer nicht vorher
gestärkt, geübt und wissend gemacht ist, gerät durch diese Kraft eben in solche krankhaften Symptome, wie er
sie erleiden musste. Bei seinem Besuch im Max-Planck
Institut in München waren jedoch dort alle von seiner
inzwischen gereiften und einnehmenden Persönlichkeit
beeindruckt.

F. v. Weizsäcker, der Gopi Krishna schon vorher in Indien besucht hatte und ihn zusammen mit Matussek in
München wieder traf, schrieb sogar mit ihm zusammen
ein Buch, in dem naturwissenschaftliche und yogische
Vorgänge in Einklang gebracht wurden.[46] Ich könnte sagen, es war der Versuch einer Trans-Wissenschaft, weil
ein großer Bogen über die Kulturen und deren Erklä-
rungsstrategien gespannt wurde und nicht beide Autoren
einen gemeinsamen Text vorlegten. Ich sage Versuch,
weil sie selbst in diesem Text Inder und Europäer blieben. Es gibt auch noch andere Versuche in dieser Art,
wie etwa der von L. Sanella, einem amerikanischen Arzt,

---

[45] Gopi Krishna, Kundalini, Erweckung der geistigen Kraft im
Menschen, O. W. Barth Verlag (1986)
[46] C. F. v. Weizsäcker, Gopi Krishna, Biologische Basis religiö-
ser Erfahrung, O. W. Barth Verlag (1984)

der Gopi Krishnas Geschichte genau untersucht hat und von dem ich genauso wie von diesbezüglichen, westlich wissenschaftlichen Beurteilungsversuchen noch berichten werde. Aber ganz klar blieb es bei allen diesen Bemühungen um ein Darüber reden, Darüber schreiben, um ein ständiges Darüber also, ein Trans. Wie man Es als Subjekt des Unbewussten in Gopi Krishnas Fall hätte fassen können, wusste niemand.

Weizsäcker verurteilte in dem besagten Buch den „blinden Wissenschaftsglauben" und plädierte für Begriffe aus der Evolution und der biologischen Medizin. „Wenn man vereinfachend sagen darf, die Geschichtsphase der Religion sei durch die Phase der Wissenschaft abgelöst, so wird die Wissenschaft selbst naiv in ihrem Gegensatz zur Religion stecken bleiben, solange sie nicht zu fragen vermag, inwiefern gerade in der überwundenen Religion Wahrheit war", schrieb er. Die Evolution wird immer wieder von Involutionen heimgesucht, und dazu passen Gopi Krishnas Erfahrungen sehr gut. Denn die Kundalinikraft strömt nicht nur von unten nach oben ins Gehirn, sondern auch in alle Organe und verändert sie.

Es verhält sich wie mit der Regression in der Psychoanalyse, dem Zurückkehren zu seelischen Vorstufen, denen dann in der Therapie eine neu gerichtete Progression folgen soll. So ist – wie auch von anderen indischen Autoren beschrieben – die Kundalini in ihrer Form als ‚Prana‘, einer grundsätzlichen ‚kosmischen Energie‘ und ‚Atemkraft‘ auch im Tier- und Pflanzenreich wirksam.

Aber erst das menschliche Gehirn ermöglicht eine Vollendung der Evolution, wie Gopi Krishna erklärte. Das klingt gar nicht so schlecht, denn man muss Religion nicht mehr starr konservativ verstehen und nehmen, man kann sie von einem evolutionären Aspekt her sehen, wie dies in besonderer Weise bereits der Anthropologe Theilhard de Chardin getan hat. Er wurde in seinen Ausführungen später sehr spirituell, fast mystisch, wenn er vom Omegapunkt als dem Ziel aller Verwirklichungen geistiger wie materieller Natur schrieb. Omega sollte das Trans vermeiden, aber es war's dann doch, es war zu spekulativ. Wenn Theilhard von der ,Liebe als kosmischer Energie' sprach, klang das zwar wunderschön, aber auch weltfremd, nicht praktisch umsetzbar.[47]

Gopi Krishna gründete in seinen letzten Lebensjahren ein Institut für Kundalini-Yoga, hatte Kontakte zu indischen, amerikanischen und europäischen Wissenschaftlern und hielt sogar einen Vortrag anlässlich einer Tagung in den 80er Jahren bei der UNO. Er starb 1984 im Alter von einundachtzig Jahren. Sein Beitrag zum religiösen Schrifttum, zu den Geisteswissenschaften und auch zur Tiefenpsychologie ist wesentlich. Viele haben seine Bücher gelesen und diskutiert, ob aber weiterhin in seinem Institut Erfolge zu vermerken sind, kann ich nicht beurteilen. Die Sache ist auch deswegen problematisch, weil der Kundalini-Yoga bei anderen Autoren als ein be-

---

[47] Theilhard de Chardin wurde in den 60er und 70ger Jahren begeistert gelesen, ist heute aber kaum noch bekannt.

sonderer mühevoller und schmerzhafter Weg zur seeli-
schen Vervollkommnung gilt. Der Yogalehrer M. P.
Pandit beschreibt dies ausführlich in seinem Buch
‚Kundalini-Yoga' von 1966.[48]

Er erklärt darin die enorme Anstrengung bei den Atem-
übungen, indem der Atem angehalten und in die untere
Körperhälfte gepresst werden soll. Es entstehen Hitze-
empfindungen und das Gefühl von Feuer und Flammen
im Körper. Sogar moderne, westliche Atemtherapien
versuchen sich in ähnlichen, wenn auch vielleicht harm-
loseren Varianten. So z. B. in ‚Breathwork', einer Methode, in der ebenfalls der Atem in den Bauch nach unten gelenkt werden soll und in kleinen Stößen des
Zwerchfells wieder herausgelassen wird. Lungenfachärz-
te raten von diesem Vorgehen ab, da man die natürliche
Atemsteuerung aus dem Gleichgewicht bringt, was sich
negativ auf den Körper auswirkt.

Kirpal Singh, den ich aus einer Meditationsgruppe Anfang der 70ger Jahre kennenlernte, der als vergleichender
Religionswissenschaftler und seriöser Lehrer eines rein
meditativen Yogas galt und diesbezüglich zahlreiche
Bücher veröffentlichte und unter vielen anderen auch einen Vortrag vor dem indischen Parlament gehalten hatte,
erklärte den Kundalini-Yoga als physisch und psychisch
viel zu mühevoll, belastend und zeitraubend und somit
für die heutige Zeit absolut nicht mehr so empfehlens-

---

[48] Pandit, M. P., Kundalini-Yoga, Drei Eichen Verlag (1966)

wert.[49] Dass das Gebilde einer in sich zusammengerollten Schlange, einer energetischen Explosion am unteren Ende der Wirbelsäule, die sich durch die Übungen nach oben ins Gehirn bewegen, klingt ja nun auch für die meisten Menschen etwas bedrohlich und seltsam, wenn auch interessant.

Das Ganze erinnert auch etwas an psychologische Versuche mit dem Medikament LSD, das ein Halluzinogen ist, ein bisschen dem Marihuana verwandt, aber viel ausgeprägter in seiner Wirkung. Dabei muss man wissen, dass auch bei Marihuana dieser Zustand eintritt, der einen in eine leicht prickelnde, wie unter minimalem Strom stehende, nicht berauschende aber befreiende, hebende Verfassung bringt. Richtige Halluzinationen treten erst bei höheren Dosierungen des THC-Gehaltes auf. Beim LSD genügt jedoch schon eine ganz kleine Tablette zur psychischen Veränderung, wobei man zu den Halluzinationen aber noch genügend Distanz hat, d. h. bei klarem Bewusstsein bleibt. Die Eindrücke von verstärkten bildhaften Erlebnissen verführen dazu, die Geheimnisse des Gehirns oder des Unbewussten verstehen zu können.[50]

Ich bewarb mich in den siebziger Jahren um eine ärztliche Assistentenstelle bei Professor P. Matussek und be-

---

[49] Kirpal Singh, Die Krone des Lebens, H. E. Günther Verlag (1974) S. 60, 79 und 113. Das Buch stellt die wohl umfassendste Schilderung sämtlicher Yoga-Systeme dar.
[50] Grof, S., LSD-Psychotherapie, Klett-Kotta (2015)

schrieb ihm, dass ich neben meiner Psychotherapieausbildung eine Meditationsgruppe besuche (jene von Kirpal Singh), die auch Beschwerden, die wohl auch nervlichen Ursprungs waren, bei mir gebessert hätten. Wir sprachen über Gopi Krishna und das Meditationsverfahren, das ich anwendete, und er wollte mir seine Sekretärin zu einem der Übungsabende schicken.

Als die Sekretären bei mir anrief, um einen Termin auszumachen, riet ich ihr jedoch von einem Besuch ab. Der Verlauf des Meditationsverfahrens als solcher und der Übungen würde Außenstehenden nichts vermitteln, sagte ich. Das Wesentliche hätte ich ihrem Chef ja schon berichtet. In Wirklichkeit dachte ich, eine detaillierte Beschreibung des Verfahrens wäre wohl als zu kurios und mystisch ausgefallen, und mit einem derartigen für westliche Wissenschaftler befremdlichen Vokabular wollte ich nicht reüssieren. Erst viel später, als ich selbst anfing darüber und über den Zusammenhang mit westlichen Wissenschaften, vor allem der Psychoanalyse zu schreiben, hatte ich das Begriffsinstrumentarium auf wissenschaftlicher Basis zusammengetragen, mit dem ich gerne mit Matussek und seiner Sekretären hätte diskutieren wollen.

Aber da waren die beiden schon lange nicht mehr am Institut. Umso mehr reizt es mich jetzt das Thema Yoga, Meditation und Psychoanalyse neu aufzugreifen. Wie gesagt nannte Gopi Krishna seine Kundalini eine Sexualenergie, die von den Zeugungsorganen ausgehe. Gleichzeitig kritisierte er die Freud'sche Psychoanalyse und deren Begriff der Libido, obwohl diese doch offensichtlich etwas Ähnliches, wenn nicht gar das Gleiche meint. Gopi Krishna argumentierte, Freuds Libido sei eine geschlechtliche, im engen Rahmen der Sexualität sich entwickelnde Energie, während seine Kundalini doch sexuell umfassender und biologisch-geistiger Natur sei. Er wusste nicht, dass Freud und etliche Psychoanalytiker nach ihm reichlich vom Wesen der Sublimierung gesprochen haben, die eben genau das meint, was verfeinernd, vergeistigt, sublimiert nach oben steigt, obwohl sie ebenfalls von der Libido geführt wird.

Allerdings klingt das Ganze bei Freud wesentlich harmloser, indem bei ihm die Sublimierung nicht mit dem Hochzischen einer erotischen Schlangenkraft einhergeht, sondern mehr den Triebverzicht meint, der durch Kultur, Arbeit, Sport, etc. zustande kommt. Freud bezeichnete diese sublimierte Libido auch als „desexualisierte Libido", womit er eigentlich bestens mit Gopi Krishnas Auffassungen übereinstimmen würde. Denn die Libido ist eine Energie der Liebeslust, die über die Grenzen des genital-sexuellen weit hinausgehen kann, auch wenn man nicht immer von ‚desexualisiert' sprechen muss. Denn damit wird eher ein innerer Widerspruch erzeugt. Schon die alten Hebräer hatten im Begriff der ‚Ahava' eine sinnliche Erotik in ihre religiösen Bemühungen eingeschlossen, weshalb der Spruch aus der Bibel, wo es heißt, dass Adam und Eva sich „erkannten" bzw. dass sie erkannten, dass sie nackt waren, rätselhaft war, nämlich so, als seien sie – mehr als desexualisiert – vorher blind gewesen. Sie haben sich nicht richtig angeschaut.

Im Religionsunterricht haben wir uns kaputtgelacht, dass Adam und Eva erst nach längerer Zeit gemerkt haben sollen, dass sie nicht angezogen waren. Einen Lendenschurz aus Feigenblättern werden sie doch besessen haben, spotteten wir. Und bei dem Spruch, dass Maria ja kein Kind bekommen kann, weil sie keinen Mann „erkennt", bezieht sich dies wohl auch auf das gleiche Libidinöse. Denn an einem Ausfall der Sinnesorgane kann es ja nicht gelegen haben. Die Sache ist jedoch leicht zu klären. Im Hebräischen wird das Wort ,erkennen' durch die Wurzel ,עיד' , *jd',* ausgesprochen *,jāda',* zum Ausdruck gebracht, die im gesamten semitischen Sprachraum vorkommt.

,Jāda' heißt wissen, erkennen, aber im Zusammenhang mit dem Erkennen bei Adam und Eva bezeichnet *,jāda'* auch die sinnliche und geschlechtliche Liebe von Mann und Frau. Man hat es ins Griechische mit ,γιγνώσκειν' (gignoskein, erkennen), einseitig übersetzt. Die Griechen besaßen kein Wort für Sex. Für sie war Eros ein Gott, in dem Liebe und Sex vereint waren, er wurde allerdings immer als Knabe dargestellt, was nicht gerade auf eine reife erotische Beziehung schließen lässt. Also hat man sich auf das völlig widersinnige ,γιγνώσκειν' festgelegt, das uns ebenfalls im Religionsunterricht stets sehr befremdet hat.

Die Religionslehrer haben herumgestottert, wir Schüler haben uns nicht getraut, darüber zu reden. Wir haben uns gedacht, Maria hat den Mann nie richtig anerkannt, nie richtig gesehen, gewertet, und so musste sie von Gott selbst befruchtet werden. Heute würde ich sagen, wir haben schon ein bisschen geahnt, dass hier eine übertragene Bedeutung, also Sublimierung im Spiel sein muss, sonst funktioniert es nicht richtig. Üblicherweise wird bei Freud die im Eros-Lebens Trieb wirkende Libido in vielen menschlichen Tätig- und Befindlichkeiten sublimiert, so im Berufsleben, im Sport, in den Künsten und anderen Aspekten der Kultur, im wissenschaftlichen Arbeiten etc.

Die Freud'sche Kundalini, die Libido, ist also eine erheblich sanftere, fast unsichtbar wirkende Kraft, als die von Gopi Krishna. Trotzdem, so Freuds Theorie, genügen diese Sublimierungen nicht, um die Gewalt der Triebe zu bändigen. Deswegen verzettelt sich der Trieb oft in Neurosen und Psychosen, aber auch in Aggression und Perversion, anstatt im normalen Liebesleben und Sexualverhalten. Hätten Freud und Gopi Krishna miteinander reden können, hätten sie sich über den Begriff der Selbst-Sublimierung unterhalten müssen, der ohne Triebobjekte auskommt. Selbst-Sublimierung ist eine Art – ähnlich wie bei dem Baron von Münchhausen – sich am eigenen Schopf aus dem Sumpf zu ziehen.

Allerdings gibt es dabei Wege der Anwendung, die nicht so realitätsfern sind. Exakt diese Form der Selbstüberwindung ist es nämlich, die im Yoga, aber auch bei den frühen Mystikern und Religionsstiftern in der Welt zur Anwendung kam. Sie verstanden es, sich in irgendeine geistige oder unbewusste Welt hinein zu versetzen, an der sie dann – stets weiter sublimierend – festhielten. So hat z. B. Moses, als er ebenfalls eine – wenn ich das weiter so verallgemeinernd sagen darf – Kundalinierfahrung am brennenden Dornbusch erlebte, an der Religion der Leviten festgehalten. Er hat nicht eine geheime Sexualkraft am Ende der Wirbelsäule gespürt, aber etwas Vergleichbares muss es gewesen sein. Jedenfalls war Es für ihn da, ein Bogen von seiner Herkunft bis zu seiner Bestimmung.

Obwohl er am Hof des Pharao aufgewachsen war, war die Verwurzelung im jüdischen Volk so ausgeprägt, dass er die Erscheinung im Feuer auf den Geist dieser Gemeinde bezog und nicht auf Kultisches in Midian, wo er sich gerade aufhielt, oder auf eine Schlange im Perineum (Dammregion). Auch Jesus hat bei den Essenern sicher eine derartige der Kundalini ähnliche Erfahrung gemacht, wenn er in Matthäus 6,22 oder in Lukas 11,34 davon spricht, dass, „wenn das Auge einfältig ist, der ganze Leib Licht sein wird." Er fixierte sich damit aber auf die ‚Vision‘, auf das Imaginär-Reale des ‚Vaters‘, den er als göttlich ansehen musste, da er ja angeblich keinen leiblichen Vater hatte. Psychologisch ist das einleuchtend, denn mit Sicherheit wurde viel Rätselhaftes vom leiblichen Vater erzählt. Josef war ja nur Ersatz, viele behaupten, es sei ein römischer Besatzungsoffizier gewesen oder sonst jemand, der gesellschaftlich verschwiegen wurde.

Jedenfalls bedeutet einfältig ‚nach innen gefaltet', wie es in der Meditation, in Mystik und Yoga üblich ist, doch es kann dann passieren, dass der ganze Leib in gleißendem Licht aufgeht. Die weiblichen Mystikerinnen hielten sich wiederum an Jesus, als dessen geistige Bräute sie galten. Auch viele von ihnen schilderten derartige Lichterlebnisse, doch sie hatten eben einen Halt in der christlichen Religion, selbst wenn das ‚Licht' sie fast verbrannte. Die Heilige Theresa von Avila erlebte mehrmals die ‚Vision' eines jünglingshaften Engels, der ihr ständig eine Lanze ins Herz stieß, aber sie konnte diese zweifellos erotische ‚Vision' aushalten, ja unbewusst genießen. Alle diese Erörterungen zeigen das Trans, das einen scheinbaren Halt gibt, der einen aber nicht davor schützt, in schwere psychische Bedrängnisse zu geraten.

Auch beim Heiligen Antonius erinnert dessen Geschichte seelischer Peinigungen an Gopi Krishna und seine Psychose ähnlichen Symptome. Beide haben die Halluzinationen selbst provoziert, haben sehr leiden müssen, sind damit aber weise und alt geworden. Das Interessante ist jedoch, wie in Mystik, Yoga und ähnlichen selbstsublimierenden Methoden das ganze Geschehen begrifflich ausgedeutet und vielleicht auch verbrämt wurde. Fast alle, auch Gopi Krishna sprechen von Ekstasen und

Verzückungserlebnissen und dem Emporgehoben sein in ‚spirituelle' Sphären. Sie halten sich – wie Gopi Krishna es nennt – von göttlicher Ambrosia genährt, von Explosionen im Bewusstsein erfüllt, von Erleuchtung und Überbewusstsein getragen, von übernatürlicher Intelligenz besessen. Kein Zweifel, dass sie das alle so erleben, aber was ist nun wirklich an diesen außerordentlichen Erfahrungen dran? Wie kann man das alles klar und wissenschaftlich diskutieren?

Diese Frage ist vielleicht nicht ganz richtig gestellt und gar nicht so entscheidend. Viel bedeutender ist, was Gopi Krishna später daraus gemacht hat, wie er sein Erleben nachträglich wahrgenommen und wie er es literarisch verarbeitet hat. Er hat seine Erfahrung als das religiöse Erleben schlechthin dargestellt. In dem erwähnten Buch schreibt Gopi Krishna vom Gehirn und außergewöhnlichen Manifestationen, ja vom „vollendeten Zustand des Gehirns" und hinsichtlich der Wirbelsäule und des Rückenmarks als der „superintelligenten Leitung des lebendigen Prinzips", das seit alters her im indischen Yoga als die Sushumna bezeichnet wird. Dieses Prinzip befindet sich auch in den Samenzellen und steigt von dort – wie schon eingangs gesagt – eben als Sekret und Schöpfungsenergie zum Gehirn.

Das Vokabular und die ganze Terminologie findet sich schon in den Upanishaden, den ältesten religiös-literarischen Aufzeichnungen der Mystiker und Asketen aus dem nördlichen Indien. Es hat auch Eingang gefunden in die Theosophie von H. P. Blavatsky oder in die Anthroposophie von R. Steiner. Beide schreiben von den physischen, astralen, mentalen und schließlich kausalen Ebenen, die der Adept dieser Lehren geistig-seelisch durchwandern muss, um zum Überbewusstsein zu gelangen. Die esoterischen Lehren Gurdjieffs, die Autobiographie Yoganandas, die Gralsbotschaften Abd-rushins und zahllose andere Schriften kreisen um die gleiche Thematik. Sie sind alle echt trans, vielleicht sogar nur trans, ohne dass Es da war.

Ganz modern spricht Gopi Krishna in diesem Sinne vom „transhumanen Bewusstsein", das er erreicht hat, und womit etwas völlig anderes gemeint ist als das Transhumane der künstlichen Intelligenz, wie es heute diskutiert wird. Ich komme darauf noch zurück, denn dies ist ein besonders beliebtes Thema unserer ‚postmodernen' Zeit, wie man gerne sagt. Kurioser Weise zitiert Gopi Krishna als Prototypen moderner transhumaner Philosophie auch F. Nietzsche. Er attestiert ihm eine „Erweiterung des Bewusstseins", weil Nietzsche schrieb: „Der graue Himmel der Abstraktion scheint zu erzittern von Blitzen des Lichts . . Und gänzlich unerwartet fallen mir Antworten in den Schoß, kleine Hagelkörner von Eis und Weisheit".

Wenn man denkt, wieviel tausende und abertausende Bücher und Schriften von Sekten, Esoterikern und mystisch-magischen Autoren heute genauso wie eh und je im Umlauf sind, könnte man meinen, dass die ganze Welt eigentlich verrückt, also transhuman ist. Zumindest so große Teile von ihr, dass es für die Gesellschaft der modernen Zeiten, für die aktuelle Wissenschaftskultur, für . . . ja für was eigentlich? beschädigend, bedauerlich, traurig ist? Ich verweise auf die Psychoanalyse, müsste sie nicht mehr und Neues entwickeln, um den Menschen, die an Reife, Weiterentwicklung und Wahrheitsfindung interessiert sind, eine Chance zu bieten? Auch denen, die krank oder verwirrt sind, und die sich im Trans wohlfühlen, wie die Querdenker?

Um den Jenseits- bzw. Transsüchtigen entgegen zu kommen, versucht der von mir zitierte Autor, Professor Fiedler, das Wesen der dissoziativen Störungen außerhalb psychoanalytischer Konzepte darzustellen. Er bindet diese krankhaften Phänomene nicht an Verdrängungen oder Verleugnungen, sondern an traumatische Ereignisse, die durch eine Art von Wiederholung ständig im Unbewussten präsent sind, und die durch Auflösung von seelischen Abwehrmechanismen, die sich vor die Enthüllung der Verdrängung stellen, nicht geheilt werden können. Nun ist diese Auffassung in der Psychoanalyse nicht ganz unbekannt, und es arbeiten ja beide, die Trauma- und die Verdrängungstheoretiker, mit dem gleichen Begriff der Spaltung. Auch gilt die allererste Verdrängung, die sogenannte Ur-Verdrängung, als ein dissoziatives Element, und so gerät man in den Bereich, in dem Verdrängung und Spaltung in einem gewissen Ausmaß ja notwendig sind, um zu überleben. Unbeschadet davon bleibt nur der Begriff der Sublimierung. Im nächsten Kapitel will ich eine Parallelgeschichte zu der von Gopi Krishna beschreiben. Auch in dieser Geschichte versucht ein Außenseiter dem Trans zu entkommen, indem er sich ihm in voller physischer wie psychischer Natur entgegenstellt.

5. Göttinnen und Grundsprachliches

Freud hatte die Krankengeschichte des Senatspräsidenten D. P. Schreber, der Ende des neunzehnten Jahrhunderts in die Psychiatrie mit der Diagnose einer paranoidhalluzinatorischen Psychose eingeliefert worden war, genau analysiert. Er hat in dessen darüber verfasstem Eigenbericht, eine laienhafte und krankhaft gestaltete Version seiner eigenen tiefenpsychologischen Sexualtheorie sehen können. Denn was Schreber auszeichnet, sind seine scheinbar direkt aus dem Unbewussten kommenden Bilder und Gedanken, als ideales ‚Material' für den Psychoanalytiker. Doch ein direktes Ausdrücken des Unbewussten kann man klassischer Weise nur als ‚akustische Halluzination' verstehen, wie sie speziell in wahnhaften Psychosen typisch ist, und das ist schwer interpretierbar.

Schreber verfasste seine Geschichte um die Jahrhundertwende (1900) unter dem Titel ‚Denkwürdigkeiten eines Nervenkranken'.[51] Er war mehrfach, zuletzt im November 1893 zu Prof. Flechsig in die Klink der Medizinischen Fakultät der Universität Leipzig eingewiesen worden. Gegenüber den Ärzten und allen anderen Personen argumentierte Schreber stets auf zweierlei Ebenen. Erstens und angepasst an die modern werdende Neurowissenschaft (Neurologie, Psychiatrie) war er Teilneh-

---

[51] Schreber, D. P., Denkwürdigkeiten eines Nervenkranken, Holzinger (2013)

mer am Übersinnlichen, in dem „Gott von vornherein nur Nerv ist, nicht Körper, demnach etwas der menschlichen Seele Verwandtes." Im Gegensatz zum Menschen seien die Gottesnerven an Zahl jedoch unendlich und „haben die Fähigkeit sich umzusetzen in alle möglichen Dinge der erschaffenen Welt; in dieser Funktion heißen sie Strahlen; hierin liegt das Wesen des göttlichen Schaffens".

Zweitens akzeptiert Schreber, dass er nervenkrank, wenn auch nicht geisteskrank, sei, dies jedoch nur deswegen, weil er in seinem Beruf als Präsident des Senats völlig überfordert gewesen war. Er wisse, dass er sich als irdisches Wesen an die herrschenden Gepflogenheiten wenigstens teilweise anpassen müsse. Schließlich benutzen alle Menschen die übliche Nervensprache, während Gott sich in seiner Nerven-Grundsprache ausdrückt, die von Schreber jedoch nur bruchstückweise verstanden wird. Immerhin nimmt Schreber dadurch – und total vergleichbar früheren Propheten – die Rolle des Vermittlers ein, ja wird zum „neuen Mittelpunkt des Universums". Verbindungen sind vor allem mittels des von Schreber so genannten „Nervenanhangs" möglich, einer Art Verschränkung der verschiedenen Nerven und deren Sprachen.

Im Zentrum von Schrebers Aufzeichnungen steht ein weiteres, wichtiges Phänomen. Die Welt gerät immer wieder einmal in Untergangsphasen, überhaupt „wohnt der Weltordnung eine Tendenz zur Entmannung inne" und in solchen katastrophischen Situationen versteht Gott es jedoch stets, noch einen einzelnen Menschen lebend zurück zu behalten. Ist es eine Frau, dann kann sie von sich aus – wie Schreber als zumindest halbüberzeugter Christ es von der christlichen Gottesmutter weiß – wieder Kinder gebären. Ist es aber, und dies ist bedeutend falls er selbst der betreffende Einzelne ist, ein Mann, so muss dieser „in ein Weib verwandelt werden". Genau diesen Vorgang meinte Schreber nämlich an sich zu bemerken, indem er spürt, wie sein Körper sich verweiblicht, aber auch, dass er mehr und mehr die weibliche ‚Seligkeit und Seelenwollust' erfahren kann.

Im weiteren Verlauf seines Lebens in verschiedenen Nervenkliniken erlebt Schreber äußerst schreckliche aber auch höchst beglückende Momente. So hatte er schwere Schlafstörungen, Zwangsgedanken, körperlich-nervliche Zermürbungen, aber eben auch glorreiche Lichterscheinungen, „hochgradige Seligkeit und Seelenwollust" phantastische „Traumbilder, die nicht von seinen Nerven, sondern von den *Strahlen* selbst gemacht wurden". Ich erwähne noch einige weitere Dinge, die sehr stark an Gopi Krishnas Erlebnisse erinnern, insbesondere was die Lichterscheinungen angeht: „Mein Kopf war in Folge des massenhaften Zuströmens von *Strahlen* sehr häufig von einem Lichtschimmer umflossen". Oder beim Hinausschauen auf die Landschaft war alles von einem „silberglänzendem Strahlenmeer umflossen", und so beschreibt Schreber ähnliche andere Phänomene mehr, die er ganz analog zu Gopi Krishnas Erlebnissen darstellt.

Die gesamte Zeit dieser Erfahrungen nennt Schreber die „grausamste und heiligste Zeit" seines Lebens, und auch das könnte nun wirklich von Gopi Krishna stammen. Trotzdem war dieser Einbruch – soll man jetzt sagen: der ‚göttlichen Nervenkraft' oder der ‚Kundalini' – in vielen Aspekten auch sehr unterschiedlich. Schreber hörte viel häufiger Stimmen, allerdings auch solche, die ihm befahlen, etwas aufzuschreiben wie es Gopi Krishna bei seinen poetischen Versuchen erlebte. Ja, ich denke sogar, dass hinsichtlich der Verzückungsausbrüche der ‚Shakti', der weiblichen Göttin, die Gopi Krishna der Kundalini gleichsetzt, ebenso Schrebers weibliche Seelenwollust' eine Vergleichsbeobachtung wert ist, weil sie zudem noch an die Lacansche ‚Jouissance' erinnert.

Schreber spricht zwar nirgendwo vom Sexual-Kraftzentrum an der unteren Wirbelsäule, aber er betont, dass der männliche Samen einen Nerv des Vaters enthalte, der nicht nur im Zusammenhang mit den weiblichen Nerven der Mutter ein Kind zeugt, sondern auch ‚Verstandesnerven' und geistige Nerven beeinflusst. Die Umwandlung in eine Frau fände zudem an allen Körpernerven statt, so wie Gopi Krishna beschreibt, dass die Kundalini alle Organe durchströmt. Und was Gopi Krishna Prana nennt, sind bei Schreber eindeutig die *Strahlen*, die allerdings nur ihm sichtbar sind. Ich denke, es handelte sich eher um Meridiane, um ‚Kraftlinien' wie Lacan sie formuliert hat, als er beispielsweise schrieb:

„Noch bevor die eigentlichen Humanbeziehungen entstehen, sind gewisse Verhältnisse schon determiniert . . . Noch vor jeder Erfahrung, vor aller individuellen Deduktion und noch bevor überhaupt kollektive Erfahrungen . . . sich niederschlagen, gibt es etwas, das dieses ursprüngliche Feld organisiert und die ersten ‚Kraftlinien‘ in es einschreibt . . die Funktion einer ersten Klassifizierung. Wichtig ist für uns, dass wir hier die Ebene erkennen, auf der es – noch vor jeder Formierung eines Subjekts, das denkt – bereits zählt, auf der gezählt wird. Wichtig ist, dass in diesem Gezählten ein Zählendes schon da ist."[52] Es nämlich, das da ist ohne das Trans, das die Menschen dann ins Spiel gebracht haben. Das konnten freilich weder Gopi Krishna noch Schreber so erfahren und ausdrücken, aber exakt vergleichbar sind ihre Äußerungen allemal.

Es lassen sich noch viele Parallelen zwischen den beiden „titanischen Persönlichkeiten" (eine Benennung Gopi Krishnas für sich selbst) nachweisen, so dass sich jetzt die Frage erhebt, was kann man daraus machen? Man kann zum Beispiel sagen, dass es eine transkulturelle Verbindlichkeit gibt, die gar nicht mehr so trans ist, da sich beide ja im Cis ihrer Erfahrungen und Aussagen

---

[52] Lacan, J., Die vier Grundbegriffe der Psychoanalyse, Walter (1980) S. 26

treffen. So hatten sie beide ein ähnliches Vaterproblem. Gopi Krishnas Vater war genauso wie er selbst ein spiritueller Sucher gewesen, der sich jedoch nach dem Tod des ältesten Sohnes und nach Frühpensionierung zu Hause hinter Bücher verkroch und früh starb. Gopi Krishna schildert ihn als asketisch und wenig verbindlich. Doch er machte es genauso und studierte Bücher über Yoga und Geheimwissenschaften. Nur seiner Mutter zuliebe begann er ein bürgerliches Leben, heiratete und wurde Beamter. Die väterliche ‚Kraftlinie', der Vater-Nerv, war schon da, bevor er auf die Welt kam.

Schrebers Vater war Orthopäde, er erfand korsettartige Orthesen, die eine aufrecht gerade Haltung garantieren sollten. Er schrieb Erziehungsratgeber und gilt als Vertreter der sogenannten strengen, ‚schwarzen Pädagogik'. Strammstehen, Leistungszwang, absoluter Gehorsam standen an oberster Stelle Auch er war also kein verbindlicher Vater und sein Sohn Daniel Paul absolvierte wie Gopi Krishna brav seine juristische Laufbahn, war aber ebenso an umfassender und von seinem Beruf abweichender Literatur interessiert. Schreber war hochgebildet, hatte in der Schule Altgriechisch und Latein erlernt, las später alles was an Philosophie, Geschichte und wichtiger sonstiger Bibliothek zur Verfügung stand. Er stand ganz stark unter der ‚Kraftlinie' des Patronats, wie dies auch für Gopi Krishna der indische Traditionalismus und Hinduismus war.

Es heißt, dass Schreber schon vorher an hypochondrischen Symptomen erkrankte. Es heißt auch, dass er unter dem Wahn einer steten, zunehmenden Gewichtsabnahme und anderer körperlicher Symptome litt. Aber kleine Macken hat jeder und so auch Gopi Krishna, der als Jugendlicher plötzlich mitten auf der Straße wie angewurzelt stehen blieb, weil sich ihm blitzartig die Frage aufdrängte: „Was bin ich"? Und: „Was bedeutet das alles"? Ihm wurde schwindlig, er fühlte sich überwältigt und verwirrt. Später hatte er schon manchmal „aufleuchtende Blitze vor den Augen, denen Dunkelheit folgte und Summen im Ohr", und seine Hochzeitsnacht verbrachte er in Askese und nahm lieber ein kaltes Bad. Er meditierte wie ein Besessener. Schreber war 41, Gopi Krishna 34 Jahre alt, als sie ihre enormen Verwandlungen erlebten.

Freud meinte in seiner Untersuchung hinsichtlich Schrebers Beschreibung, dieser habe homosexuelle Strebungen in sich abgewehrt und sei darüber in Zusammenhang mit seinem Vaterkomplex und durch ein Zuviel an innerer Belastung „psychotisch" geworden.[53] Die Ambivalenz zur Vaterfigur konnte er nicht lösen und in der Abwehr homosexueller Neigungen verschob er diese in der Klinik auf eine „feminine Einstellung gegenüber dem Arzt", hauptsächlich auf den Chef der Klinik Dr. Flechsig. Flechsig und Gott wechselten sich als Figuren von Schrebers femininer Zuwendung und Ablehnung im

---

[53] Freud, S., GW Band VIII, S. 243 - 330

Verfolgungswahn ab. Er habe sich zum Weib Gottes wandeln müssen, da „Gott dies zur eigenen Befriedigung verlangte", so Schreber. Eine frühzeitige, noch nahe am Narzissmus gelegene Sexualisierung sozialer Triebregungen sah Freud als Ursache der Homosexualität und die Abwehr derselben in Schrebers Fall als zum Wahn führend an.

Lacan hat die Freud'sche Deutung modifiziert. Er sieht Schreber als jemanden, der schon früh die ihm unbewusste Strebung gehabt habe, ganz Frau zu werden, und dass es diese transsexuelle Orientierung ist, die er abwehrt. Seine Abwehr besteht in der Verschiebung auf die in ihm ebenso schlummernde Neigung zu spirituellen, geistigen und akademischen Inhalten. Schreber ist also nicht homosexuell veranlagt, sondern transsexuell und baut in vielen seiner Beschreibungen dies in sein delirierendes Konzept ein. Lacan sah Schreber als nicht so krank an und tatsächlich führte Schreber kurz nach der Jahrhundertwende einen Prozess gegen seine während des Klinikaufenthalts erfolgte Entmündigung, den er schließlich gewann.

Aber was soll man nun diesbezüglich zu Gopi Krishna sagen? Man kann ihm doch nur schlecht eine westliche, wissenschaftliche und kulturell nicht ganz kompatible, unbewusste Sexualisierung überstülpen. Er sprach zwar ständig von der Sexualenergie, die vom Zentrum der Sexualorgane ausgeht und von da eben einen direkten Einfluss auf das Gehirn hat. Und so könnte man vielleicht sagen, dass die im abendländischen Kulturkreis lebenden Menschen auf andere Weise verdrängen als im asiatischen Bereich. Der Ödipuskomplex steht in den süd-ost-asiatischen Regionen nicht so ausgeprägt im Vordergrund wie im Westen und dessen Kultur.

Dies war lange Zeit auch das Forschungsgebiet von M. Mead, Geza Roheim und anderen. Roheim konstatiert die stärker subjekt-betonte Wahrnehmung im asiatischen Kulturkreis, so wie er sie auch bei den Primärvölkern in anderen Regionen in Erfahrung brachte.[54] Diese Menschen sehen die Welt als „Ganzheit" an, und zwar unter der Ägide einer universalen Mutter Natur, sagte er. Diese Muttergöttin kann zwar auch grausam sein und die Menschen verhexen. Westlich und psychoanalytisch ausgedrückt heißt dies, dass dem väterlichen Über-Ich, das zu Schrebers Zeiten, wie gesagt, noch sehr durch seine Rigidität und Strenge bestimmend war, im süd-ost-asiatischen Kulturkreis das mehr unkontrollierte, flexible weibliche Über-Ich gegenüber steht. Freud hat dies so bereits formuliert.

Um einen weiteren Vergleich zu Schreber und Gopi Krishna anzubringen, erwähne ich hier die Geschichte von C. Griscom aus heutiger Zeit, die sich als Heilerin und geistigen Lehrerin der New Age Szene verstand. Als Gründerin des Light Institute und der Nizhoni-Schule für globales Bewusstsein schrieb sie Folgendes: „Die explo-

---

[54] Roheim, G., Die Panik der Götter, Kindler (1975) S. 21

dierende schöpferische Kraft, wenn das Bewusstsein mit sich selbst verschmilzt, ist die Quelle, die schöpferische Kraft des Universums". Es erinnert wieder an Kundalini-Szenen, wie sie Gopi Krishna beschreibt. Es findet sich auch bei Griscom der immer gleiche neuzeitliche Prophetenjargon und die Mystifizierung ihrer psychisch grenzwertigen Erfahrung. Sie dürfte jetzt an die achtzig Jahre alt sein und lebt wohl zurückgezogen in Mexiko.

Dabei hat die Geschichte C. Griscoms damit begonnen, dass sie von ihrem Mann vor kurzem geschieden, depressiv und etwas verzweifelt, mit ihren Kindern in die Wüste gefahren war. Dort reflektierte sie nachts im Freien liegend, wie lange sie wohl nicht mehr mit jemand geschlafen hatte, dass sie Sex vielleicht nie mehr erleben würde und so schaute sie zum Sternenhimmel empor. Kurz danach kam es zu der „einen Million orgasmischer Explosionen", schrieb sie.[55] Sie war von Lichtschauern umgeben und fühlte sich total vom Boden abgehoben. Schließlich konstatierte sie ihr Erlebnis mit den Worten: „Gott ist Orgasmus". Es spielte also wohl eine Depression eine Rolle, die in ein manisches Erleben umkippte. Sie machte daraus ein Esoterikmanagement mit Millionen Büchern und Kursen, eine echt amerikanische Erfolgsstory.

Was für einen Gegensatz zu Schreber und zu Gopi Krishna, die zwar irgendetwas Ähnliches erfahren haben,

---

[55] Griscom, C., Die Frequenz der Ekstase, STB (1987)

aber mit viel mehr Leid und chronischem Verlauf zurande kommen mussten. Schrebers Genießen und seine Grundsprache (die Sprache der Gottesnerven), die stets nur zerhackt zu verstehen war, entspricht genau Griscoms banal-mythisch esoterischem Gerede, das ohne jede Tiefgründigkeit bleibt. „Die Grundsprache hat gar keinen Grund, sie ist nichts als redender Abgrund und übersäht den Text mit Unentscheidbarkeiten für das Register der Interpretation, die schwindelig macht,"[56] aber im gleichen Sinne finden sich Unentscheidbarkeiten in Yoga und Mystik und in den sogenannten Reinkarnationsverfahren, wie sie Griscom als Therapie benutzt. Denn war man wirklich jemand in der realen Vergangenheit, oder befindet man sich irreal, krank und sich entfremdet in der Gegenwart? Wer entscheidet das? Unverkennbar tauchen Imaginäres (Bild-Wirkendes, das Es *Strahlt*) und Sprachliches (Wort-Wirkendes, das Es *Spricht*) wechselsweise auf – ohne klare Verbindung.

Auch bei Schreber spielten die Sterne, die bei Griscom explodieren, die Rolle besonderer Nervenstrahlungen, und die Sternengöttin Kassiopeia schützte ihn mit ihren Oszillationen davor, zu masturbieren, also den göttlichen Höhepunkt masturbatorisch vorzeitig zu erreichen, schrieb er. Griscoms „Gott ist Orgasmus" passt zu Schrebers Gottes Weib und auch zu Gopi Krishnas Shakti, die in ihm hochsteigt. Chriscom hat es verstan-

---

[56] Risthaus, P., >www.gfmedienwissenschaft.de< in einer Stellungnahme zu Schreber.

den, ihren ‚Nervensturz' (ein Ausdruck Schrebers für die relativ plötzliche, physisch-psychische Veränderung) ohne viel Leid in ein von Manie getragenes Geschäftsmodell zu übertragen. Eine eigene Methode oder gar wissenschaftliche Grundlagen hat sie nicht entwickelt. Sie benutzte Entspannungstechniken, Akupunktur, yogaähnliche Verfahren und die genannten Reinkarnationstechniken.

Fazit: Entweder man bleibt im Cis und weiß, dass es ein Trans gibt (irgendwas und irgendwo), was der übliche Normalfall ist. Oder Cis und Trans sind – wie in den geschilderten Fällen – so verbunden, dass sie die Eins darstellen, dass sie als Eins zu ‚ex-sistieren' scheinen, ex (von außerhalb) – sistere (beharren). So etwas tut auch der Schriftsteller Botho Strauß in dem Satz „Der Krieger, gewohnt tiefe Verletzungen auszuhalten, glaubt am Ende, dass auch der Tod nur eine weitere Verletzung sei, die dann anderswo heilt". Der Tod scheint dann kein Trans mehr zu sein.

B. Strauß' Satz enthält aber eine kühne Vermutung. Sich gleichzeitig in einer Einheit von Cis und Trans, aber auch in beiden sehr getrennt, einzurichten, ist eine Übergangslösung, die ich auch lange eingegangen bin, aber mit dem Schreiben dieses Buches als überwindbar zeigen will. Es muss eine ‚Abgleichslinie' geben, in der Cis und Trans, Leben und Tod, perfekt gegeneinander abgeglichen werden können, so dass man weder im Diesseits noch im Jenseits angekommen ist, sondern nur dort, wo Es da ist, wo Es immer schon war und sein wird.

Genau dies passiert in der *Analytischen Psychokatharsis*, indem etwas für einen da ist, dieses Element der absoluten Stille, in der dann wie von weit her ein *Pass-Wort* auftaucht. Es ist da, ohne Trans. Es besteht auch in den ‚primären Kraftlinien', den Lacanschen imaginären Signifikanten der Natur, ja diesem Es *Strahlt* der Elementarteilchenkräfte, dem auch ein *Spricht* gegenübersteht. Astrophysiker haben nämlich nachgewiesen, dass kleine Störungen der Raumzeitgeometrie sich als Wellen ausbreiten können, die ähnlich wie Schallwellen funktionieren. Diese sich fortpflanzenden Störungen sind Gravitationswellen, deren Signale sich in hörbare Töne ‚übersetzen' lassen, weshalb man von einem ‚Zirpen der Neutronensterne' gesprochen hat, einer Art des Es *Spricht* im Universum.[57]

Es ist also überall da, denn das Zentrum des Universums ist in einem jeden selbst. Man muss dort draußen in den Entfernungen von Milliarden Lichtjahren nicht nach der Wahrheit suchen. Sie wird in dem dortigen *Strahlt / Spricht* nicht zu finden sein, weil man das Translose dort nicht zustande bringt. Es kann sich nur in einem jeden selbst ereignen. Ich kann dies auch im Einklang mit der Naturwissenschaft so sagen, denn die Formel für die

---

[57] Pössel, M., Die Wellennatur der Gravitationswellen, in *Einstein Online* **Band 3** (2007), 1106

‚Quantengravitation' wird – wenn sie überhaupt gelingt – nur kalt und universitär sein, voll vom Trans mathematischer und astrophysikalischer Abstraktion.

6. Die Meritokratie

Seit jeher scheint ein Trans auch in der Beziehung zwischen Mann und Frau zu bestehen, der/das erwähnte *Andere* ohne Querstrich. Schon um das dritte bis fünfte Lebensjahr herum tauchen die Kinder – noch unbewusst und schuldlos – in die sogenannte ‚phallisch‘ genannte Phase ein, in der es sich um die Geschlechtsorientierung handelt, die für beide Geschlechter mit dem gleichen beginnenden Sexual-Narzissmus und Stolz einhergeht. Auch wenn sie vom Äußeren her nunmehr wissen, dass es Mann und Frau gibt, entwickeln sie ein erotisches Begehren, das bis zur Pubertät latent bleibt, in der sie dann jedoch, jeder für den anderen, das Trans der erotischen Beziehungsspiele aufführen, von dem sie fast das ganze Leben begleitet werden. Sie versuchen es immer wieder in anderen Symbolen auszudrücken, obwohl es immer noch vom Phallischen her gekennzeichnet ist, dessen ‚Licht‘, Glanz nur Scheinbeziehung ist, wie von Lacan erwähnt, und der den *Anderen* deswegen querstreicht.

Ich schreibe dies, um nochmals das Trans in unterschiedlichen und doch irgendwie nicht ganz miteinander unverträglichen Wegen zur Persönlichkeitsbildung oder gar zum Erreichen einer subjektbezogenen Weisheit darzustellen. „Weisheit ist das Wissen ums Genießen“, meinte Lacan, und zwar ums allerletzte, autochthone Genießen, das Gopi Krishna offensichtlich erleidet, und das die Psychoanalytikerin R. Golan auch als das weibliche Genießen bezeichnete, die ‚jouissance feminine'. Es schließt auch Schmerz und Leid ein, „beinhaltet aber auch Universalität, Höhe, Grenzenlosigkeit, Erkenntnis, Freiheit und Glückseligkeit", meint sie.[58] Eine große Höhe wird demnach mit ebensolchen Tiefen bezahlt, aber dafür ist man das Trans los. Ich meine jedenfalls, dass es mir so ähnlich auch ergangen ist.

„Die Sexualität definiert keine Beziehung beim Sprechenden Sein", das den Menschen ausmacht und so „ist die Unterscheidung der Geschlechter einfach kein Teil einer Logik".[59] Es ist nur Gerede, unreifes Genießen, das weder Höhe noch Tiefe hat, weil es – als unbewusst, verdrängtes, verzaubertes ‚Plaisir' – das Wissen ums Genießen nicht erreicht, denn es selbst spricht nicht signifikant und antwortet nicht auf die Frage was Schein und Wahrheit unterscheidet. Es scheint Verschmelzungserfahrung von kurzer Dauer zu geben, die es auch bei den Übungen in der *Analytischen Psychokatharsis* gibt, dort ist sie jedoch die durch eine Deutung, ein *Pass-Wort* gekrönte. Da kommt man dem querstrichlosen **A** näher.

Denn das Verschmelzungsphantasma allein zu befriedigen hat nur wenig Wert, ja, kann auch Grundlage der Neurose werden. Nur wenn die ‚Abgleichslinie' ihr letztes Ziel im ultimativen ‚Sterbeleben' erreicht hat, wird

---

[58] Golan, R. Loving Psychoanalysis, Karnak (2006)
[59] Lacan, J., Seminaire XIX, Vortrag vom 10. 5. 1972

die Verschmelzung bleiben, denn dann existiert kein Trans mehr. Der sexuelle Schein dagegen signifiziert sich irgendwie selbst, er setzt sich selbst wie aus dem Trans kommend ins Wort. Er ist nur eine täuschende Form der Wahrheit, die stets aus dem Trans ins alltägliche Cis hergeholt wird. „Die Frau ist hinsichtlich des sexuellen Genießens allerdings in der Position, die Äquivalenz des Genießens und des Scheins zu interpunktieren", konstatiert Lacan. „Niemand weiß besser als die Frau . . , dass Genießen und Schein, auch wenn sie in einer Dimension des Diskurses gleichwertig sind, sich dennoch in der Erfahrung unterscheiden, so dass die Frau für den Mann ganz einfach die Wahrheit darstellt, die einzige nämlich, die dem Schein seinen Platz als solchem geben kann".[60] Diesen man durch die oben genannte Interpunktion allein in der Form des Kommas so ausdrücken kann: Frauen denken, Männer sind ohne sie nichts – Frauen, denken Männer, sind ohne sie nichts!

Deswegen zeigt sich das wahre Genießen als das des Körpers als solchem, ohne Trans und ohne Interpunktion. Eine gute Psychoanalyse, bemerkte Lacan einmal, sollte weiter gehen als bis zu den Interpunktionen, nämlich wenn möglich bis an die Grenze der gerade genannten Weisheit, womit nicht eine philosophische Großtat oder die Altherrenweisheit der alten Propheten und der genannten Wundermenschen gemeint ist. Ich will trotzdem in diesem Buch versuchen, der Persönlichkeit Gopi

[60] Lacan, J., Seminaire XVIII, Vortrag vom 20. 1. 1972

Krishnas und ein paar anderer bedeutender Personen, die außerhalb der modernen Wissenschaftskultur stehen, gerecht zu werden und konstruktive Vergleiche zur Psychoanalyse ziehen.

So versuchte z. B. der Psychoanalytiker H. Stein in seinem Buch ‚Freud spirituell' einen Ausweg aus dem Konflikt zu großer Höhen und Tiefen und dem scheinbar zu großen Abstand zwischen Psychoanalyse und Meditation zu finden.[61] Er stützt sich auf den etwas diffusen Begriff des ‚Selbst', der sozusagen ein erweitertes Ich darstellt. Manchmal benutzt er zwar das Wort ‚Subjekt' für diesen im psychischen Sinne nicht nur auf das Ego begrenzten Menschen, aber letztlich bleiben mythisch-mystische Beschreibungen von Yoga und indischer Meditation neben den psychoanalytischen Einlassungen immer wieder unzusammenhängend bestehen. Im Jargon der Marxisten könnte man sagen, er ist ein psychoanalytischer ‚Linksabweichler'. Er bleibt nicht auf der rechten Linie Freuds. Er verrät ödipal seinen Lehr-Vater.

H. Stein thematisiert den Zusammenhang zwischen Psychoanalyse als Wissenschaft und Mythos, Mystik und Religion als ‚spirituelles' Wissen, also als das Oben, von dem Überbewusstseinsmäßiges ausgehen kann. Allerdings beschreibt er an keiner Stelle seines ausführlichen Buches klar, dass es in all diesen mystischen und stets dem Esoterischen Nahestehenden wohl darum geht, die

---

[61] Stein, H., Freud spirituell, Bonz (1997)

psychischen Abwehrmechanismen zu überwältigten. Zweifellos langweilt der Autor auch den Leser mit seinen vielen Bezugnahmen auf Yoga, Buddhismus, Naturmystik und mit reichlichen Hinweisen auf seinen indischen Guru und Lehrmeister Medhananda. Zwar schildert er eindrucksvoll die intensive psychoanalytische Behandlung eines Nierenkranken, und auch wenn keine endgültige Heilung erreicht wird, so sind doch Beeinflussungen auf das Immunsystem des Patienten plausibel dargestellt. Aber eine generelle Praxis, die mit einer fundierten Logik zusammenhängt, bietet er nicht.

Mit anderen Worten: Das Spirituelle kann bei ihm durch ein geschlossenes System mit der Notwendigkeit eines Trans definiert und dann als therapeutisches Konzept anerkannt werden, fertig. Medhananda ist vielleicht ein weit weniger ernsthafter, bedeutender und effizienter Guru als Gopi Krishna, aber man kann beide in die gleiche Kategorie einordnen, in die auch der indische Psychoanalytiker B. S. Goel passt.[62] Goel unterzog sich einer psychoanalytischen Therapie und beschäftigte sich weiterhin mit der Entwicklung dieser Wissenschaft, besaß jedoch keine Berechtigung zur Ausübung der Psychoanalyse. Zudem wurde er Anhänger des bekannten Gurus Sathya Sai Baba, der auch sehr viele westliche Schüler und auch solche aus indischen Regierungskreisen hatte. Aber Sai Baba war auch bekannt für das ‚Ma-

---

[62] Goel, B. S. Meditation und Psychoanalyse, Ariston (1989)

terialisieren' sogenannter ‚heiliger Asche' sowie für sexuell missbräuchliches Verhalten.

Unbeschadet davon beschreibt Goel in einer sehr durchmischten Sprache aus psychologischen und yogisch-meditativen Begriffen seinen Weg und die daraus gewonnene eigene Methode der ‚psychoanalytischen Meditation'. Auch er hatte Halluzinationen, die sehr an Gopi Krishnas Erfahrungen erinnern, indem er berichtet, wie 1975 sein ‚Drittes Auge' geöffnet wurde und somit die Kundalinikraft sichtbar wurde.[63] Er machte auch den Versuch einer Reinkarnationstherapie, doch für ihn bleibt Reinkarnation reale Wiedergeburt, wobei die ‚früheren Leben' durch ‚Revisualisierung' leibhaft sichtbar gemacht werden können. Leibhaft, real? Nein, lediglich vergleichbar einer mit heutiger ‚Virtual Reality'-Brille sichtbar gemachten ‚Vision'. Dabei finde ich die von Goel angeregte ‚Revisualisierung' nicht unbedingt falsch. Er musste allerdings stets sehr suggestiv vorgehen und seine Klienten zu Erinnerungen drängen. Schließlich ließ er sich als Guru Shri Siddeswar Baba in einem eigens gegründeten Ashram verehren und verfiel ebenfalls wieder in diesen belehrenden, blumigen, schöngeistigen Ton.

Man muss also Stellung beziehen und klar betonen, dass die Zeit all dieser Wundermenschen wahrscheinlich abgelaufen ist, obwohl ich ihre Biographien und mythi-

---

[63] Goel, B. S., Third Eye and Kundalini (1985)

schen Beschreibungen immer interessant gefunden habe. Natürlich haben sie alle so etwas Tolles erlebt, aber sie konnten es nicht in eine wissenschaftlich relevante Darstellung einbinden. Gemeint ist nicht eine kalte, sachliche, unverbindliche Wissenschaft von materiellen oder geistigen Objekten, sondern einer Wissenschaft v o m Subjekt selbst. Solch eine nur an der logischen Selbststruktur gründende Vorgehensweise gibt es erst seit Freud, der in der Erforschung der menschlichen Seele und im Dienste profunder Wahrheit auch seine Angst eingestanden und vieles Intime – so es eben notwendig war – von sich enthüllt hat.

In dieser Wissenschaft, die in der Psychoanalyse Lacans weitere Fortschritte erbracht hat, existiert als wesentlicher Ausgangspunkt der tote Signifikant, der eingangs erwähnte Nullpunkt in der Beziehung zwischen dem Therapeuten und seinem Patienten. Ich werde diese Beziehung zwischen dem Psychoanalytiker und seinem Patienten, wo der tote Signifikant in der absoluten Neutralität des Therapeuten besteht, so dass der Patient sich frei von der Null zur Eins hin entfalten kann, mit der Beziehung zwischen einem Autor und seinem Leser und mit der zwischen dem Meditierenden und den ebenfalls Neutralität, Sicherheit und Wissenschaftlichkeit garantierenden *Formel-Worten* im den zwei nächsten Kapiteln genau erläutern.

Ich habe für die *Analytische Psychokatharsis* die besagten *Formel-Worte* entwickelt, weil sie diese Null-Eins-, die Cis-Trans-Thematik schon in sich enthalten und eben f o r m a l gelöst haben. Sie stellen also die toten Signifikanten dar, um die herum sich die in üblicher Sprech- und Symbolisierungs-Weise wirkenden Signifikanten drehen. Aber so ganz tot sind sie auch wieder nicht, denn die *Formel-Worte* enthalten noch das abstrakte Gerüst der grundlegenden Logik, die Bildhaftes einschließt. Sie enthalten nichts Suggestives, Belehrendes oder Moralisierendes. Sie sind neutral und vermitteln so perfekt den auf Neutralität hin ausgerichteten Psychoanalytiker.

Ich will nur deutlich machen, dass die heutige Generation über Facebook und Twitter oft die Printmedien (Zeitungen und Bücher) angreifen, sie seien zu ungenau, altmodisch, einseitig, etc. Sie sieht aber nicht, dass die Zeitungsredakteure rechtsverantwortlich sind, während man auf Twitter jeden Unmut und Zorn frei herauslassen kann, ohne Trans. Leider benötigt der bekannte Philosoph M. Hampe zu viel davon, der ein so gutes Buch über die vier Weisen des Glücks geschrieben hat. Bei dem Glücksbuch hieß es im Untertitel noch ‚das vollkommene Leben‘, jetzt – in seinem neuen Buch – ist es das ‚wirkliche‘ Leben.[64] Doch diesmal ist es weder vollkommen noch wirklich. Es ist ein Klassiker des Schöngeistigen, vierhundert Seiten anspruchsvolles, nettes,

---

[64] Hampe, M., Die Wildnis, die Seele, das Nichts. Über das wirkliche Leben. Hanser (2020)

wärmendes Gerede, des selbst zum Trans wird, weil es überhaupt kein Cis mehr hat.

In dem Kapitel über die Seele findet sich vieles zu Bedingungen, Formen, Bedeutungen dessen, was man Seele nennt. Aber kein Wort zum wirklichen seelischen Leben, zu dem also, was es im Unbewussten beinhaltet. Am besten klingt noch der im Zusammenhang mit dem Buddhismus ausgedrückte Satz, dass „das wirkliche Leben das Leben in einer unbewerteten Welt" ist. „Ein ich- oder selbstloses Leben", ohne Cis. Aber was meint der Autor selbst? In den Rezensionsnotizen bei Perlentaucher wird daher Ähnliches moniert. Vom Deutschlandfunk Kultur heißt es: „Kein Fazit, nur Reflexion und Erzählung", von der SZ: „Zuviel Diskursivität, keine Authentizität" und von der FAZ: „grillenhaft und unspektakulär". Schade das Ganze.

7. Psychoanalyse und Meditation

Freilich bin ich nicht besser, aber ich habe ein Fazit: Das Erreichen der Translosigkeit. Während in Mystik, Yoga, Hypnose, wie ja auch in den meisten meditativen Methoden vorwiegend mit den imaginären Objekten, den filmischen Signifikanten (dem mit Bildern, unbedeutend Gegenständlichem, verändert Räumlichen, also Bild-Wirkenden, *Strahlt*) gearbeitet wird, geht es in der Psychoanalyse um symbolische Subjekte, Wort-Wirkendes, verbale Signifikanten, *Spricht*. Im Film strahlt einen tatsächlich etwas an, nämlich die Bildgeschehnisse, die Myriaden von Pixelfolgen, der Blick des Kameramanns, des Szenenbildners, der Schauspieler, etc., hinter all denen sich der Regisseur befindet.

Doch was einen – im unbewussten Sinne – anstrahlt, ist nicht die Persönlichkeit des Regisseurs, auch nicht die der Schauspieler, all deren Vorlieben, Gedanken, Wünsche, Charakterzüge, sondern etwas im Bildmix selber, Es, das zwischen den Pixeln herausleuchtet, seine geheime Botschaft, sein hintergründiges Trans. Kurz das, was beim guten Film und nur da Wirkung hat, die jeder anders wahrnimmt, sieht, konsumiert und emotional erlebt. Lacan spricht von der „ultrasubjektiven Ausstrahlung", die vom Unbewussten zum Unbewussten, von Subjekt zu Subjekt, wie ein klein bisschen von der Kundalini an sich habend *Strahlt*. Ist es zu hell, zu grell wie bei Gopi Krishna oder bei Moses am brennenden

Dornbusch, kann es ebenso die Wirkung eines toten Signifikanten haben, denn es allein spricht ja nicht.

Der Begriff dieses filmischen bzw. imaginären Signifikanten, des Bild-Wirkenden also, kann auf den Filmtheoretiker C. Metz zurückgeführt werden, der in diesem Zusammenhang auch von der „Mehrfach-Wahrnehmung" gesprochen hat.[65] Der Film fasziniert einen, irrealisiert einen aber auch. Man identifiziert sich nicht nur mit dem erwähnten Blick der Kamera, des Regisseurs, der Schauspieler und anderen technischen Finessen des Films, sondern wird so auch zur infantilen Lust der eigenen Entstehung als Subjekt zurückgeführt.[66] Man regrediert in die Kombinationen von Pixeln-Mustern, man gibt sich der identifizierenden Schaulust hin, in der die vielen Blicke ein gemeinsames Strahlungsphänomen der unbewussten Muster erhalten, das mit der Enthüllung dessen zu tun hat, wovon der Film erzählt. Die Flut der Bilder kann – vor allem im Unbewussten – uferlos werden und einen überschwemmen. ‚Lost in Translation' wie der Film von S. Coppola hieß.

Die Verortung im Realen und in einer wissenschaftlichen, von der symbolischen Ordnung getragenen Aussage fehlt natürlich im Kino. Das heißt, die positive Einstellung, die Übertragung zum Imaginären, also die Fra-

[65] Metz, C., Der imaginäre Signifikant, Psychoanalyse und Kino, Nodus (2000)
[66] Reichert, H., Die Maschinerie des Sehens, Dissertation Kap. 4

ge, warum man überhaupt ins Kino geht, warum einen Traumbilder manchmal zu stark bewegen, was hinter Deckerinnerungen steckt,[67] all dies bleibt offen und wird nicht geklärt. Und soll es vielleicht auch nicht, schließlich sitzt man mit hunderten anderen ebenso starrsichtigen zusammen, die einen Blickaustausch verunmöglichen. Die Übertragung ist ein Begriff aus der Psychoanalyse und meint die positive Einstellung zum Analytiker, die jedoch ebenso inadäquat ist, denn man überträgt in dieser Einstellung Bedeutungen und Gefühle aus verjährten oder wo anders gelagerten Beziehungen. Sie hat symbolischen, wort-wirkenden Charakter, was dem Therapeuten ermöglicht, alles, was zu dieser Inadäquatheit gehört, zu deuten und zu interpretieren.

Das ist also bei der Übertragung zum Imaginären, zum Film und seinem Regisseur und allem anderen gerade genannten dazugehörigen Bildern nicht möglich. Man verliert sich im *Strahlt* und irrealisiert sich (zumindest bis zu einem gewissen Grad), und so wird es zum Trans wie in der Psychoanalyse, das diese auch nie ganz beseitigen kann. Denn sie hat ihren Schwerpunkt im Bereich des Symbolischen, der verbalen Signifikanten, des Wort-Wirkenden, des Es *Spricht*. Dieser Schwerpunkt ist so ausgeprägt, dass die übliche Beschäftigung mit Traumbildern und bildhaften Erinnerungen nicht ausreicht, um alles Verdrängte und seelisch Abgespaltene ausreichend

---

[67] Deckerinnerungen täuschen echte Erinnerungen vor, die dahinter verdeckt und verdrängt bestehen bleiben.

zu berücksichtigen. Deswegen stelle ich die beiden Grundprinzipien, Grundtriebe, das Es *Strahlt* und das Es *Spricht* als jeweils autonom und völlig gleichwertig nebeneinander. Zusammenfügen, damit das eine nicht das Trans des anderen ist, muss sie letztlich der Einzelne selbst, was in der *Analytischen Psychokatharsis* direkter und einfacher zu bewältigen ist.

Eben das ist an den Beispielen der Mystiker, Meditationslehrer und Yogis, Gopi Krishnas, Blavatskys, Goels und anderer dieser „Mehrfach-Wahrnehmer" ebenso deutlich zu sehen. Sie verbinden das Imaginäre mit dem Realen, so dass solche Phänomene wie ‚Visionen' auftreten, die dadurch eine enge, konkretistische Form erhalten. Diese Form kann erhellend, bewusstseinssteigernd und einleuchtend im konkreten Sinne dieses Wortes sein, sie kann aber auch in psychische Verkennung oder Psychose führen. Die Irrealisierung kann stärker ausfallen als beim Film, das Es *Strahlt* wird zur Blendung, zum verwirrenden Kaleidoskop. Hier fehlt also wieder der andere Teil, der des *Spricht*. Es braucht demnach ein drittes Verfahren. Weder mythisch-magische Methoden, noch Psychoanalyse allein können das Problem dieser zwei autonomen und gleichwertigen Kräfte lösen.

Es verhält sich also beim verbalen Signifikanten, dem Wort-Wirkenden, dem *Spricht,* zwar anders als wie beim *Strahlt* der Meditation, aber nicht genügend signifikant. Denn auch eine Meditation ist in dem für sie so wesentlichen *Strahlt*-Bereich nicht mit genug Klarheit versehen. Andererseits habe ich schon die Bedeutung der Literatur und der Beziehung Autor / Leser erwähnt, indem es zum Beispiel darum geht, dass der deutende Therapeut mitten im Buch sitzt – freilich auch nur, wenn es, wie beim Film, gut ist und diese Wirkung hat. Nicht der Autor spricht Deutungen aus, sondern Es *Spricht* im Text, und zwar nicht unbedingt das, was der Autor beabsichtigt hat, sondern was der Leser heraushört. Es ist dies freilich ein alter Hut, jeder hat schon einmal davon gehört, dass sich zwischen Autor und Leser etwas auftut, eine Verbindung, eine Intimität, eine gemeinsame Kreation. Man *Spricht* zusammen einen eigenen Text, ein gemeinsames Skript, Drama, Roman, Epos, und so kommt auch – wenn das Buch gut ist, ein bisschen Therapie zustande (wobei auch hier das darin befindliche *Strahlt* eventuell doch noch ein Trans bleibt).

Eben dieses gemeinsame *Spricht* war ja in all den oben erwähnten Büchern und auch denen von M. Hampe, nicht der Fall. Die Literaturwissenschaftlerin H. Gallas dagegen zeigt es dagegen sehr präzise am Dichter H. Kleist. Dessen Text ‚Michael Kohlhaas' schildert nicht einfach einen Menschen, der revolutionär ist, weil er gegen die protzige Obrigkeit kämpft.[68] Er ist auch nicht der Selbstsüchtige, der wegen zweier Pferde, die ihm zu Un-

---

[68] Gallas, H., Das Textbegehren des Michael Kohlhaas. Die Spreche des Unbewussten und der Sinn der Literatur. Rowohlt (1981)

recht abgenommen werden, den schuldigen Junker be-
kämpft und die ganze Gegend verwüstet. Auch gilt für
ihn nicht das Bild des sich für Ethik und Gerechtigkeit
aufopfernden Idealisten. All dies sind nur die typischen
Interpretationen, die aus Kleist lediglich einen Meines-
gleichen machen, und nicht dass im Text etwas von sich
aus *Spricht*, zum Beispiel Kohlhaas selbst. Gallas meint,
man muss Kohlhaas psychoanalytisch ergründen, nämlich an Hand seiner Ödipus Position, von der aus er am
Strahlt all der Objekte (die Pferde, die Frauen, die geheime Botschaft) wie an einer verführerisch-nährenden
und ebenso verschlingenden Mutter festhalten will. Das
Spricht der Vaterfiguren dagegen, vor allem in der Gestalt des Kurfürsten von Sachsen, wird von ihm gehasst
und verfolgt, weil es das seiner Rivalen ist und nicht das
seiner Oberhäupter oder anderer, bedeutender Menschen.

Indem bei Kleist die Personen immer in paradoxen und
extremen Hin und Hers, Rauf und Runters durcheinander
wirken, kann er das Trans in seinen Stücken gelungen
reduzieren, indem alle darin derart vermischt sind, dass
es kein Trans zu geben scheint. So auch im Theaterstück
‚Prinz von Homburg‘, wo es noch deutlicher herauskommt, dass die paradoxen und doch nicht gegensinni-
gen, die verliebten und doch sich befremdenden Figuren,
aus einem Geheimnis, aus einer alle gegeneinander ab-
gleichenden Linie, aus einem ‚*StrahltSpricht*‘, aus einer
dramatischen Eins gemacht sind. Der ‚Prinz von Homburg‘ durfte zu Lebzeiten Kleists nicht aufgeführt wer-

den, weil er nicht staatskonform war. Aber die Leute haben diese translose durcheinander Gewirktheit nicht verstanden. Selbst Goethe machte keine positiven Bemerkungen, was zeigt, wie wenig Verständnis man damals für die Zerrissenheit der Psyche übrig hatte, in der sich das Trans mitzerstückelt hat. Das äußerliche Trans der Kritiker hielt diese davon ab, den tiefen, originellen Sinn von Kleists Stücken zu begreifen. Ich sage das jetzt so und muss natürlich den Leser bitten, Kleist selbst zu lesen.

Doch kurz: Der Prinz von Homburg wird beim Krieg gegen die Schweden von seinen Vorgesetzten, dem Kurfürsten von Brandenburg, gemahnt, mit seiner Reiterei nicht in den Kampf einzugreifen, bevor der Befehl dazu gegeben wird. Doch in einem wichtigen Moment prescht der Prinz vor und erreicht einen Sieg. Dennoch will der Kurfürst ihn wegen des Missachtens seiner Anweisung zum Tod verurteilen. Alle sind entsetzt, Natalie, der Nichte des Kurfürsten, zugleich Homburgs Geliebte, gelingt es nach längerem, den Kurfürsten zu erweichen. Wenn der Prinz das Urteil als ungerecht zurückweist, will er ihn begnadigen. Doch der Prinz – nach einer langen Phase des Klagens und Zweifelns – lehnt diese Rochade ab. Recht ist Recht, sagt er sich nun, und er ist bereit dafür zu sterben. Erneut generelles Entsetzen. Doch andere Umstände und wiederholte Intervention der Nichte führen zu einem positiven Ende. Statt umgebracht wird der Prinz nun mit Natalie verheiratet. Er soll sich aber in der nächsten Schlacht bewähren.

Wieder also interpretierten die literarischen Schlaumeier das Stück als Konflikt zwischen der Freiheit des Individuums und der Rechtsordnung der Gesellschaft und des Staates. Doch auf den ‚Prinz von Homburg‘ trifft dies alles nicht zu, er ist wieder nur eine Art von Ödipus wie H. Gallas differenziert beweist. Er wird als träumerisch, noch halbschlummernd und unreif im Mutterschoß verharrend dargestellt. Zwar will er nicht die Frau des Kurfürst-Vaters, aber dessen Nichte, die vom Kurfürsten einem anderen versprochen ist, was so etwa aufs Gleiche herauskommt wie Freud es vom Sophokles‘schen Theaterstück ausgehend für die moderne Zeit interpretiert hat.

Und wie Ödipus missachtet er auch das väterliche Gesetz oder besser gesagt: das des ‚überbewussten‘ Kleist‘-schen Orakels,[69] weil und obwohl der Prinz ja alles unternommen hat, dem Staat mit seinem vorschnellen Eingriff zu helfen. Der antike Ödipus wanderte in ein anderes Land, um dem Fluch des Delphischen Orakels zu entkommen. Der Prinz von Homburg stürzt sich gewinnend in die Schlacht. So wie Theresias im Mythos die Schandtat aufklärt und Ödipus sich blendet und ins Exil verbannt, will auch der Prinz die gerechte Strafe erlei-

---

[69] Weder weiß man, wer Kleist wirklich war und warum er in einem Doppelselbstmord sterben sollte, noch ob eine ödipale Deutung wirklich ausreicht. Es muss wohl eine ‚präödipale‘ Verfasstheit dazukommen, die auch keiner kennt.

den. Die unbewusste Spaltung ins Pro und Contra des eigenen Ichs wird sichtbar. Jetzt agiert die Nichte Natalie wie Antigone, die Ödipus tröstet. Sie rettet den Prinzen. H. Gallas hat all dies ausführlicher interpretiert und ausgedrückt.

Kleist ist immer noch das Beste, was deutsche Literatur hervorgebracht hat, wenn man verstehen will, wie das Trans ausgeschaltet oder umgangen werden kann. Wie bei Dürrenmatt kommt es bei Kleist immer zu dieser ‚katastrophischsten Wendung‘, die das Es *Strahlt/Spricht* explodieren lässt.[70] Vor allem hinsichtlich der Psychologie des Unbewussten weiß er lange vor Freud die Paradoxien der Begehren und der versteckten Wünsche und der von fragwürdigen Idealen ausgelösten Kämpfe dagegen zu schildern. Natürlich gibt es auch gute moderne Literatur. Im Moment habe ich gerade das Buch des Erfolgsautors J. Meyerhoff über seinen Schlaganfall gelesen. Abgesehen davon, dass es ja – wie er selber seinen Wiener Arzt persiflierend sagt – nur ein ‚Schlagerl‘ war und er nur ein ‚Schlagerlstar‘, geht es das ganze Buch hindurch um spaßige Begebenheiten, kuriose Urlaube mit der Familie, das burlesk-komische seiner Symptome, das bizarre in den Krankenzimmern, Witzchen, usw.[71]

---

[70] F. Dürrenmatt schreibt, dass es im Drama kurz nach dem Anfang zur katastrophischten Wendung kommen muss, die dann im weiteren Verlauf aus- und umgestaltet werden kann.
[71] Meyerhoff, J., Hamster in hinteren Stromgebiet, Kiepenheuer & Witsch (2020)

Mal kommt auch ein ernsthafter Gedanke zustande, sowie vieles, das man aus seinen früheren Büchern schon kennt: bübische Einfälle und saloppe Psychologie. Ich kann damit nichts anfangen, das Geschwadere um tausend kleine Ereignisse ist überhaupt nicht lustig. Man kann sich höchstens noch fragen, von welchem Trans er zu dieser Art des Schreibens gedrängt wurde. Das herauszufinden müsste er in eine Psychoanalyse gehen, aber dazu wird er zu Recht keine Lust haben. Wer natürlich nicht weiß, wie es in Kliniken und auf Intensivstationen zugeht, kann von dem Buch profitieren. Aber ansonsten ist es nur ein gut geschriebenes Gealbere.

Doch es geht ja um etwas ganz anderes. Ich will eine psychoanalytische Interpretation der Erfahrungen und unbewussten Einstellungen von Gopi Krishna, Freud, Lacan und all den anderen, speziell auch Literaten, die ich zitiert habe, vorlegen und sie auf ihren Bezug zum Trans, das hier vor allem einen Meditations-Hintergrund hat, untersuchen, um letztlich daraus ein drittes Verfahren zu entwickeln. Dazu reicht die positive Einstellung zum diffusen Imaginären, zum *Strahlt*, zum Meditativen, aber auch die zum symbolbezogenen Therapeuten, zum *Spricht*, zur Psychoanalyse, vielleicht nicht aus, d. h. nur dann aus, wenn man sie selbstanalytisch meditiert. Ich werde das Verfahren der *Analytischen Psychokatharsis* als Drittes genau in diesem Sinne ins Spiel bringen, um ganz aus dem Trans herauszukommen.

Die kurze Beschreibung der Freud'schen Methode und eine Textanalyse der Kleist'schen Dramen könnte eine gute Vorübung dafür sein. Wie gesagt taugt das Wesen des Ödipuskomplexes nicht für die indischen Wundermenschen, die Mystiker, Meditierer und auch nicht für meine eigene Geschichte. Ich war selbst in psychoanalytischer Ausbildung, in der man sich auch als Bewerber für diesen Beruf in Analyse begeben muss. Meine Lehranalyse hat mir sehr wohl bei der Durchforstung ödipaler Strukturen ein bisschen geholfen. Ich konnte ein Grundphantasma, das mit der Mutter-Imago, also der Verinnerlichung der primärsten Mutterbeziehung zusammenhing, indem ich ihr oder ihr ähnlichen Frauen in meinen Träumen wohl aggressive Impulse unterstellte, eruieren.

Aber die herkömmliche Psychoanalyse reichte bei mir für eine befriedigende Lösung nicht aus. Die Psychoanalytiker in meinem Ausbildungsinstitut waren alle gescheite und nette Leute, aber es herrschte eine gewisse Biederkeit, Schulmeisterei und Nüchternheit vor, die zeigte, dass genau das Bild-Wirkende, das Es *Strahlt,* in den vorgetragenen Lehren und auch im alltäglichen Umgang fehlte. Ich habe deswegen schon nach etwa einseinhalb Jahren der Ausbildung mich auch der Meditation zugewandt. Kirpal Singh, der erwähnte Meditationslehrer, war eine vom ersten Moment an eindrucksvolle Persönlichkeit, was freilich keine sachliche und wissenschaftlich seriöse Erklärung ist. Denn die damit zusammenhängende Übertragung war noch viel ungeklärter als die in der klassischen Psychoanalyse übliche. Sie enthielt eben neben dem symbolischen auch einen deutlichen eidetischen, imaginär-visionsartigen Wert, der kaum klar zu beschreiben ist. Doch eben deswegen musste ich später Psychoanalyse und Meditation in eine Verbindung bringen: die *Analytische Psychokatharsis*.

8. *Analytische Psychokatharsis*

Die also von mir empfohlene ‚Selbstpraxis‘, Selbsttherapie, ist – wie die Überschrift des Kapitels zeigt – durch
eine Verbindung von Psychoanalyse als analytischem
und Meditation als kathartischem Teil zustande gekommen. Ich hatte dies in etlichen Büchern dargestellt, aber
immer an den Schluss in den Anhang gesetzt. Nun brin-
ge ich also anders herum, nämlich schon jetzt, eine Vor-
beschreibung des Verfahrens. In der Psychoanalyse sind
die Grundkräfte (Triebe) psychisch nicht direkt (als
‚Primärvorgang‘) repräsentiert, sondern nur durch sogenannte, innerliche ‚Vorstellungsrepräsentanzen‘ zu erfassen, unbewusste Zustände, die Lacan – Freuds Auffassungen verbessernd – als Repräsentanzen des *Schau-*
(bildhaften Wahrnehmungs-) und *Sprech-* (worthaften
Entäußerungs-) Trieb bezeichnet hat. Schon hierin kann
man wieder das Bild- und Wort-Wirkende, den Spiegel-
und Echo-Diskurs heraushören, über den ich eingangs
ein paar Bemerkungen gemacht habe. Nun gehen diese
an ihre spiegelnden und widerhallenden Vorstellungsrepräsentanzen gebundenen Triebe (man kann sie so auch
durchaus Diskurse nennen) verschiedene Kombinationen
miteinander ein oder bilden Teiltriebe, deren Auswir-
kungen vom Psychoanalytiker anhand der ‚freien Asso-
ziationen‘ interpretiert werden können.

In der Meditation geht man jedoch umgekehrt vom
‚Primärvorgang‘ dieser Grundkräfte bzw. deren Repräsentanzen direkt aus, wo nicht von vornherein eine Fi-
xierung auf das Bild- und Worthafte gegeben ist, son-

dern darauf gewartet wird, bis sich
die Phänomene beider Triebe unmittelbar und von selbst zeigen.
Bild- und Wort-Wirkendes, Spie-
gel- und Echodiskurs melden sich
in der Vorstellungsrepräsentanz
sozusagen autonom. In einem völlig abgedunkelten Raum wird man

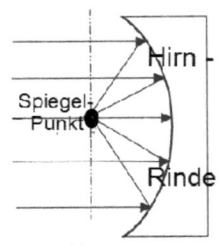

(evtl. mit zusätzlich geschlossenen Augen) sehr bald ein
Schimmern, Helligkeitserscheinungen (Lichtpunkte) o-
der ein wie leicht ‚durchrieseltes‘ Körperbild wahrnehmen, das von dem visuellen Schnittpunkt, Spiegelungs-
punkt, all der sich in der Konkavität des Gehirns treffenden Sinnesbahnen besteht.

Die Abbildung rechts oben zeigt die der Schädelbasis
aufsitzende Halbkugel als reflektierende Nervenzell-
schicht, die vom Körper oder auch von Erinnerungen her
kommenden unbewussten Sinnes- oder Nervenströme im
Spiegelpunkt bündelt. Lacan sprach hinsichtlich dieses
‚Primärvorgangs‘ des Schautriebs von einem ‚ultrasubjektiven Ausstrahlen‘, das ich weiter vereinfacht ein ‚Es
Strahlt‘ genannt habe. Es hat einen fast halluzinatori-
schen Charakter, erfüllt aber eine wichtige Funktion.
Lacans ‚Spiegelstadium‘, eine Phase des heranwachsen-
den Kindes mit ca. 18 Monaten, in der das Kind sich
selbst zum ersten Mal als Ichselbst im Spiegel bejubelt,
gehört hierher.[72]

---

[72] Allerdings muss das Kind anfänglich vom Erwachsenen gehalten werden, sonst würde es die Spiegelungserfahrung gar
nicht oder überfordernd, wie geblendet, wahrnehmen.

Dieses ‚Es *Strahlt*‘ des Schautriebs steht dem gleichwertigen ‚Primärvorgang‘ des Sprechtriebs gegenüber. In einem völlig schallgeschützten und auch schallschluckenden Raum kann man schon nach kurzer Zeit einen Laut oder Ton oder Ähnliches vernehmen, wie es auch der Wissenschaftsredakteur S. Schramm von Experimenten eines Akustik-Technikers als ‚Klang des Nichts‘ schilderte.[73] Die im Körper wie Echos zurückgebliebenen Sprech-, und Entäußerungsvorgänge werden also laut, was ich verkürzt als ein Es Verlautet, ‚Es *Spricht*‘ bezeichnet habe. Manche Psychoanalytiker benennen es auch als psychisches (innerlich gespeichertes) Klangobjekt.[74]

Andere wie die Psychoanalytikerin D. Birksted-Breen sprechen ebenso von seelischen Echovorgängen, indem zwischen dem Reverie-Geplapper der Mutter und den ‚widerhallenden‘ Antworten des Kindes eine erste gemeinsame Identität, eine erotische Verschworenheit als ‚Widerhalleffekt‘ entsteht. Damit ist noch keine perfekte Sprache erreicht, aber doch eine beginnende symbolische Ordnung. Damit sind das ‚Es *Strahlt*‘ und das ‚Es *Spricht*‘ – so sonderlich sich das vorerst anhören man – zwei wichtige Funktionen, bei denen es nun entscheidend darauf ankommt, wie sie kombiniert (Freud sprach von legiert) oder, wie ich es gerne nenne, in welcher Höhe, Kompaktheit sie zusammengeführt sind.

---

[73] Schramm, S., Der Klang des Nichts, SZ vom 7. 11. 2016, S. R7
[74] Maiello, S., Das Klang-Objekt, PSYCHE Nr. 2 (1999) S. 137-157

Im Verfahren der *Analytischen Psychokatharsis* meditiert der Proband nicht nach irgendwelchen ideologischen, neuropsychologischen, ‚spirituellen‘ oder rein herkömmlich psychotherapeutischen Vorgaben. Vielmehr steht der Bezug zu diesen beiden Grundelementen des ‚Es *Strahlt*‘ und des ‚Es *Spricht*‘, also zu den generellen Spiegel- und Echo-Diskursen, im Zentrum der meditativen Übungen und unterscheidet sich damit generell von allen ähnlichen Methoden. Generell heißt auch, dieses Doppelprinzip, diese Zwei mit dem Ausübenden als Dritten, lässt sich in vielen Disziplinen nachweisen (es besteht sozusagen von sich aus), wie ich noch weiterhin zeigen will.

Was die Praxis angeht, sitzt man nunmehr in bequemer Haltung und wiederholt in einer **ersten** von zwei Übungen rein gedanklich langsam hintereinander zwei, drei oder bis zu fünf sogenannter *Formel-Worte* (die ich sogleich erläutern werde), während man gleichzeitig darauf achtet, ob etwas auftaucht, das – auch nur irgendwie – den Charakter eines ‚Es *Strahlt*‘ hat. Es sind also zwei Aspekte zugleich zu beachten: das Zulassen des visuellen ‚Primärvorgangs‘, eines Helligkeits-, Spiegelungs-Punktes, also alles was irgendwie dem Charakter eines ‚Es *Strahlt*‘ entspricht. Am besten gelingt diese Übung, wenn es zu der erwähnten ‚niedrigsten Zusammenführung‘ der Körperbilder kommt, was sich in Form eines ‚Durchrieseln‘ im nunmehr einheitlichen Körperbild äußert.[75] Gleichzeitig werden dabei langsam, fast monoton die *Formel-Worte* nacheinander

---

[75] Wohl fast jeder kennt diese atavistische Erfahrung des Durchschauerns, Durchrieselns z. B beim Hören eines besonders bewegenden Musikstückes.

(wenigstens drei, äußerstenfalls bis zu fünf) rein gedanklich wiederholt. Beides, die *Strahlt*-Erfahrung und das monotone *Spricht* der *Formel-Worte* schaukelt sich gegenseitig auf, so dass eine sehr deutliche Entspannung, eine Katharsis und befreiendes Gefühl auftritt.

Die *Formel-Worte* sind rein formale Ausdrücke, die es in der üblichen Sprache so nicht gibt. Damit präjudizieren sie nichts und sind doch wissenschaftlich aufgebaut. Sie enthalten nämlich mehrere Bedeutungen in einem einzigen Wort- oder Schriftzug, dessen Wesen am besten sichtbar wird, wenn sie im Kreis geschrieben sind, wie ich es hier in einem Beispiel (Abbildung unten) zeige. Die Kreisschreibung erfüllt gleichzeitig die Forderung nach dem Bildhaften, Bild-Wirkenden. Ich erinnere an die Bemerkungen dazu am Ende des letzten Kapitels und auch an die Form des verdrehten Kreises im Möbiusband, das diesen imaginären Signifikanten nochmals topologisch verstärkt.

Ich werde darauf später erneut mit einer Abbildung zurückgreifen, bei der auf den verdrehten Kreis der Möbiusfläche ein *Formel-Wort* aufgetragen ist, was damit der Kombination des *Strahlt / Spricht* im Kopf noch besser korreliert. Für die *Formel-Worte* wird die lateinische Sprache verwendet, die sich besonders gut dafür eignet, es könnten aber auch andere Sprachen benutzt werden. Nach

einzelnen Buchstaben finden sich die Schnitt- bzw. Überlappungsstellen (Linien in der Abbildung), von denen aus gelesen jeweils die verschiedenen Bedeutungen ersichtlich werden. Drei Schnittstellen würden genügen (hier sind es mehr), da das Unbewusste, das durch solch mentales Wiederholen angeregt wird, nicht mehr als bis drei (eins, zwei und mehr) zählen kann.

Nochmals: während man bei den üblichen Meditationen dasitzt und die Gedanken wegschiebt, bis schließlich – wie vorhin geschildert – ‚Lichtpunkte‘, entspannende Katharsis oder Ähnliches auftaucht, wird dieser Vorgang durch das gedankliche Wiederholen von *Formel-Worten* abgesichert und wesentlich erleichtert. Das *Formel-Wort* E N S C I S N O M beispielsweise (könnte auch I S N O M E N S C I geschrieben worden sein) muss also im Uhrzeigersinn gelesen werden. Geht man einmal vom M oben links aus, so heißt MENS CIS NO: der Gedanke diesseits, innerhalb von No (nein), vom N ausgehend: NOMEN SCIS, du kennst den Namen, vom O aus: O-MEN SCIS N, du kennst das Omen N, weiter: CIS NO, MENS, diesseits schwimme ich, oh Geist, ENS CIS NOM, das Ding diesseits von Nom, C IS NOMEN S, hundert dieser Name S, usw. So unsinnig einzelne der Bedeutungen auch sind, sie sind doch grammatikalisch und syntaktisch normal und sogar auch semantisch in Ordnung.

Der Sinn dieser Formulierung besteht ja gerade darin, dass sie keinen vordergründigen Sinninhalt schon parat hat, denn man kann und soll sich auf keinen das Bewusstsein und den Verstand fixierenden Sinn festlegen. Es verhält sich so, als würde man alle Gedanken wegschieben, was jedoch nie ganz gelingen kann, und so erleichtert die Stütze einer Art von ‚Null-Gedanken‘ den Meditationsvorgang wesentlich. Schließlich sind ja die einzelnen Bedeutungen derart disparat, in ihrer Bedeutung also so weit voneinander getrennt, so dass man nicht einmal aus drei von ihnen einen zusammenhängenden Sinn herauslesen könnte. Das ist besonders wichtig, denn beim ‚freien Assoziieren', bei den spontanen Gedankeneinfällen in der psychoanalytischen Sitzung, wird oft zu schnell ein Sinn aus den disparaten Bedeutungen herausgelesen, und so dringt man nicht bis tief ins Unbewusste vor. Dies gelingt durch das monotone Wiederholen der *Formel-Worte* besser (es muss dann freilich auch anders gedeutet werden).

Die Bedeutungen im E N S C I S N O M stellen also perfekt diese linguistische Struktur dar, die Lacan auch einen ‚linguistischen Kristall' nannte, also ein ‚Es *Spricht*' (linguistisch), ‚Es *Strahlt*' (kristallin) und umgekehrt. Es handelt sich um Sprache am Rande von Sprache, ist aber eben dadurch ein gerade kompakter, konkreter, bis zur Unkenntlichkeit hin vereinfachter Spiegel- Echo-Diskurs, ein innerpsychisches *Strahlt / Spricht*-Objekt, ein vereinheitlichtes sich ausdrücken des Körperbildes. Es stellt die perfekte Formel des Subjekts dar, wie sie nicht kompakter formuliert und gezeigt werden könnte. Alle anderen Hinweise auf Formeln, wie ich sie gegeben habe, haben nicht diese direkte, konkretistische Form, in der beide Grundkräfte, -triebe, zum Zug kommen.

Kurz: Das Kristalline, Spiegelnde, wird durch das im Kreis (oder Möbiusband) Gezeichnete dargestellt, während die gebrochenen Buchstaben das Linguistische vermitteln. So besitzen sie genau die Signifikanz und Schnittstellen im Unbewussten. Eine Überlappung von

Bild und Buchstaben, von Zeichen und Signifikanten spielt im Drehkreuz des Unbewussten exakt diese Rolle, was bekanntlich bei Versprechern, im Traum oder bei sogenannten Fehlleistungen erkennbar wird. Aber was macht man damit? Damit fügt man durch eine einfache Übung das *Strahlt* und *Spricht* in geeigneter, optimaler Weise zusammen.

Denn in dem erwähnten psychokathartischen Verfahren (das ich im Anhang nochmals kurz beschreiben werde) werden Spiegel- und Echo-Diskurs nach psychoanalytischen Kriterien ineinander verwoben, und als solch verwobenes Element meditativ eingeübt. Es ist verständlich, dass durch das monotone rein geistige Wiederholen dieser Formulierungen das *Strahlt*-Phänomen begünstigt wird, was wiederum die Wiederholungsarbeit fördert. Nun ist aber auch im gleichen Maße das *Spricht*-Phänomen gefragt. So wie der Kreis im Inneren und Äußeren das passende f o r m a l e Bild ist, korreliert auch beim *Spricht* (von außen herangetragen durch die *Formel-Worte*) ein Inneres in Form sogenannter Identitäts- oder *Pass-Worte*.

Erst in einer **zweiten** Übung kommt durch Konzentration anderer Art eine Antwort (*Pass-Wort*) auf diese erste Übung – und damit die endgültige Verwobenheit im Verfahren der *Analytischen Psychokatharsis* – zustande. Dieser andere, zweite Teil besteht darin, dass das Unbewusste also ein den *Formel-Worten* ganz analoges ‚Es *Spricht*‘ in sich birgt, so dass man den ‚Primärvorgang‘ des Sprechtriebs, den Laut, Ton wahrnehmend bis hin zu einem Sprechen mit dem Unbewussten gelangen kann, Denn das

Unbewusste — ist es doch genauso wie kristallin eben auch sprachlich, linguistisch aufgebaut — wird durch einen gleich strukturierten, gleichermaßen aufgebauten rein formalen Sprachkörper, durch gedankliches Wiederholen eines *Formel-Wortes* provoziert, etwas Eigenes als *Pass-Wort* herauszugeben. Und eben dies muss man auffangen, erfahren und heraushören können, was den analytischen Teil des Verfahrens vermittelt.

Nachdem eine Katharsis oder Ähnliches erfahren wurde, konzentriert man sich also in dieser zweiten Übung auf den innerlichen Laut, das Es Verlautet, den ‚Klang des Nichts‘, das ‚Es *Spricht*‘. Die Katharsis fördert entscheidend den Einstieg dazu. Auch wenn es nicht gleich druckreif spricht, kommt es doch zur Erfahrung, Wahrnehmung von ‚ultrareduzierten Phrasen‘ wie Lacan es ausdrückt. Es handelt sich um Laute, Worte, kurze Sätze, ich nenne sie auch ‚Wurzel-Diskursive‘ oder eben *Pass-Worte*, Identitätsvokabeln, denn sie verhalten sich wie die Deutungen des Psychoanalytikers, der aus der ‚Übertragung‘ oder den Phrasen eines Traums heraus, eine Interpretation zur Identität seines Patienten gibt.

Das Unbewusste kann nicht — wie ich erwähnte - selbst druckreif reden, aber es kann sich sprachartig ausdrücken. Es kann sich hieroglyphisch, logisch, wenn auch scheinbar rätselhaft logisch ausdrücken. Denn das Ganze spielt sich zwischen Vorbewusstem (mehr worthaft) und Unbewusstem (mehr bildhaft) ab. „Das Vorbewusste begegnet den Worten da, wo es sie nicht kontrolliert! Von woher kommen sie ihm zu? Exakt vom Unbewussten, wo sie verdrängt parat liegen," konstatiert Lacan.[76] Dieser Schritt der Transition vom Unbewussten über das Vorbewusste zum Bewussten ist in der klassischen Psychoanalyse notwendig. In der *Analytischen Psychokatharsis* findet er direkter statt und kann vom Übenden meist sofort verstanden werden (vom Blatt abgelesen werden, wie Freud sagte).

Hier ein Beispiel: Einer meiner Patienten hatte beim Üben der *Analytischen Psychokatharsis* plötzlich die Eingebung oder den ihm selbst wie von weit her kommenden Gedanken: „Hab einen Taubheitsanspruch"! Taubheitsanspruch? Was soll das heißen? Plötzlich war wie aus dem monotonen Gemurmel des *Formel-Wortes*, wie aus einem Zustand kurz vor dem Einschlafen, jedoch beim bewussten Üben die Phrase vom „Taubheitsanspruch" herausgeklungen. Nach einem kurzen Erstaunen war ihm sofort klar, was gemeint war: Man muss nicht immer alles hören und in sich tief hineinnehmen, was man sagt oder was so verlautet. Und vor allem für ihn selbst hatte es einen besonderen Sinn, denn er war jemand, der sich immer alles bis zum Geht-nicht-mehr anhörte. Auf der anderen Seite redete er sich jedoch auch oft um Kopf und Kragen. Er konnte sich schlecht verteidigen und kam mit einem Zuviel an Lauten und Geräuschen nicht zurecht.

Jedenfalls spürte er ganz deutlich, dass das *Pass-Wort* „Hab einen Taubheitsanspruch" dieser, seiner Problematik galt. Gerade dieses eigene, unbewusste, persönliche

---

[76] Lacan, J., Autres Ecrítes, Ed Seuil (2001) S. 222

Spricht erschien ihm unmittelbar den Punkt seines Komplexes bildlich-worthafter Art zu treffen. Zudem: Es war trotz allem sein eigener Gedanke gewesen! Das machte es besonders wertvoll. Hätte es ihm jemand anderer erzählt, dass er die Wahrheit in sich suchen muss und ihm etwas gefaselt, dass er sich all dem Gerede gegenüber taub stellen soll, hätte ihn das nicht sonderlich beeindruckt, sondern eher befremdet. Er hätte gedacht, derjenige will mich schon wieder einmal zu irgendetwas sehr Sonderbarem, Verrücktem bekehren. Sicher kann so ein Ausdruck wie das Wort „Taubheitsanspruch" auch einmal von einem Dichter oder Philosophen erdacht worden sein und vielleicht hat es auf den Leser eine Wirkung.

Aber niemals wird diese Wirkung so stark sein, wie wenn sie aus dem eigenen Inneren kommt und auch noch intellektuell einleuchtend ist, weil sie einen direkten *Strahlt / Spricht*-Charakter für den Betreffenden hat. Denn das *Spricht* des *Pass-Wortes* stellt sich auf dem Höhepunkt des *Strahlt* der ersten Übung ein. Und so haben auch die *Pass-Worte* (im Verlauf der Übungen stellen sich immer wieder welche ein, wobei nicht alle die gleiche Wichtigkeit besitzen) einen Formel-Charakter. Lacans Ausdruck ‚ultrareduzierte Phrase' zeigt dies an, noch deutlicher wird es, wenn man es als linguistische Transition aus dem Unbewussten begreift. Die kleinsten Spracheinheiten (Phonem, Buchstabe, etc.) von *Formel-Wort* und *Pass-Wort* greifen ineinander wie es auch vom Freud'schen Versprecher her bekannt ist.

Damit habe ich das Wesen des von mir inaugurierten Verfahrens einer zu Erkenntnis führenden ‚Selbstpraxis' mit Hilfe der Formel des Subjekts in groben Zügen geschildert. Im Folgenden will ich versuchen von verschiedenen Seiten her bessere Begründungen und ein erweitertes Verständnis für die Methode zu beschreiben. Die Praxis mit den zwei Übungen ist relativ leicht zu erlernen, es ist jedoch auch wichtig, alle Zusammenhänge aus meditativer und psychoanalytischer Sicht heraus verstanden zu haben. Nur ein zusätzliches intellektuelles Verständnis kann die Sicherheit und Klarheit geben, die bei tieferem Eintreten in die *Analytische Psychokatharsis* notwendig sind.

9. Bild, Luzider Traum, ‚Vision‘.

Wie erwähnt hatte Freud das infantil Sexuelle als Wirk-
kraft für neurotische Erkrankungen angesehen. Vor allem hatte er anfangs gedacht, jeder dieser Kranken habe
ein Missbrauchstrauma erlebt. Erst später wurde klar,
dass es sich weniger um etwas Reales gehandelt hat,
sondern eher um eine Mischung aus dem Imaginären
und Symbolischen, um etwas Heraldisches, ein bildhaftes Logo, das nur schwierig mit Worten allein zu behandeln war. Bis heute kommt das Bildhafte in der Psychoanalyse zu kurz, speziell psychotische und psychosoma-
tische Leiden blieben unzureichend erfasst. So hatte
Freud Anfang 1925 einen zwanzigjährigen Mann aus
einer wohlhabenden amerikanischen Familie behandelt,
der ein psychisch komplexes Krankheitsbild aufwies.

„Intellektuell frühreif war dieser Patient zu einem angst-
vollen Einzelgänger geworden. Neben mannigfachen
Zwangsgedanken hatte er ab der Adoleszenz die Vor-
stellung entwickelt, das Tragen eines Sportbehelfs (Sus-
pensorium?) könne einem Mann sexuelle Lust verschaf-
fen, woraus sich für ihn ein Fetisch entwickelte. An dem
angesehenen College, wo er seinen Abschluss machen
sollte, war er als Homosexueller gebrandmarkt worden
und hatte soziale Ächtung erfahren. In der Folge ver-
mochte der Patient, der C. Liebmann hieß, weder eine

sexuelle Beziehung einzugehen noch einem Beruf nach-
zukommen", schreibt der Rezensent.[77]

Er berichtet dann weiter, wie sehr Freud sich bemühte
mit dem genannten Patienten klar zu kommen, obwohl
er wegen des paranoischen Einschlags in der Sympto-
matik hinsichtlich einer Heilung skeptisch war. Liebmann, der vorher drei Semester Philosophie in Zürich
studiert hatte, blieb fünf Jahre im Wien, wo er weiter
Vorlesungen besuchte. Wahnideen und Zeichen einer
beginnenden Schizophrenie führten zu einem ständigen
Wechsel in den Beschwerden, aber auch in der Zusam-
menarbeit mit Freud. Freud drohte ihm mit Abbruch der
Behandlung, was paradoxer Weise das Verhalten des
Patienten besserte. Doch dann kamen wieder Rück-
schläge, so dass Freud die Therapie 1930 beendete.
Liebmann kehrte nach Amerika zurück, wo er ein eigenes privates und berufliches Leben versuchte.

Doch dies scheiterte, so dass er schließlich in der Bosto-
ner Eliteklinik McLean aufgenommen wurde, wo er fast
vierzig Jahre bis zu seinem Tod verblieb, eine schreckliche und traurige Geschichte. Ich schreibe dies, um zu
zeigen, wie wenig die Psychoanalyse mit solchen, aber
auch mit psychosomatischen Patienten anfangen kann.
G. Lemma, ein anerkannter Psychosen Therapeut be-

---

[77] Augusta, G., Freud und die psychoanalytische Behandlung
von Psychosen, PSYCHE Nr. 1 (2021) S. 67 - 96

richtet Ähnliches.[78] Er schreibt, wie man ohne viel Deutungstechnik versuchen kann, Selbst und Objekt in ihrer Beziehung wenigstens ein bisschen zu stabilisieren. Auch betont er, dass die meisten psychotherapeutische behandelten Psychotiker zusätzlich Medikamente einnehmen müssen. Ich hatte einen vergleichbaren Patienten fast zwanzig Jahre lang in Behandlung, der anfänglich ebenfalls viele Medikamente einnahm und dreißig Mal – meist kurzfristig – in der Klink war. Erst am Schluss brauchte er keine Medikamente mehr und schrieb in sein Tagebuch:

„Ich verstehe die Psychoanalyse nicht. Sie ist mir immer noch fern. Ich würde gerne in ihr zu Hause sein. Aber sie ist so intellektualisiert, so überrational gedacht, sie riecht zu sehr nach Universität, die ich doch verlassen habe, nach Konzern, nach Management, nach Lehre und Lehre und Lehre, die ich nicht mehr lernen will. Ich will für das Wenige da sein, für das ganz Wenige, für das, das da ist, wo es ist, wo es hingehört, wo es zu Hause ist."

„Ich kann die Menschen nur schwer ertragen, ich bin lieber alleine. Ich mag meinen Schmerz."

Geholfen hat ihm meines Erachtens nichts von all dem, was ich ihm von dem anbot, das ich in der Psychoanalyse gelernt hatte, weder in meiner Ausbildung noch in der 35 Jahre langen eigenen praktischen Tätigkeit. Was ihm

---

[78] Lempa, G., Neuere Entwicklungen in der psychoanalytischen Psychosentherapie, PSYCHE Nr. 1 (2021) S. 4 - 39

wirklich geholfen hat, war vielmehr ganz einfach die Tatsache, dass ich ihn so viele Jahre lang begleitet, angehört und dabei ernsthaft vermittelt habe, dass ich zu ihm stehe, an ihn glaube und ihn nie aufgeben und wegschicken würde. Nur so kann der psychotische Patient sein Selbst-Objekt finden, also finden, dass er nicht für immer ganz ohne inneres Objekt, das mit einem äußeren Objekt korreliert, leben muss, dass also Selbst und Objekt getrennt bleiben.

Die Psychoanalyse bringt so zwar auch für derart komplex Erkrankte einen Diskurs zustande, der, wenn auch kaum heilend, so doch mittels des Wort-Wirkenden wahrheitsfindend ist. Das Bild- und Blickhafte, Imaginäre, ist für den Psychotiker und auch den psychosomatisch Kranken jedoch wichtiger und seine Einbeziehung in den Therapievorgang kann schneller und direkter Hilfe bringen. Aber der ‚pixelgeordnete‘ Bereich der Bilder und Blicke ist anders geordnet als es bei der ‚Lautrhythmik‘ des Sprachlichen der Fall ist. Zwar wohnt auch ihnen eine Rhythmik inne, doch wie in der Musik kann man diese nicht so leicht festhalten. Ein Musiker, ein Komponist, kann ein Konzert wohl irgendwie im Gedächtnis behalten, aber er muss es durch ein Instrument wieder herholen, er muss den lautmalerischen Klangkörper, den akustischen Bildträger, den Geist der Tätigkeit in irgendeiner Weise reproduzieren.

Und so verhält es sich auch im Bild-, Blick, Farb-, Form- und Geistwesen des Imaginären, das einen schnell zum Wahnsinn verführen kann, zur Ein-Bildung, zur ungenauen, undifferenzierten Identität. Dennoch muss man mit dem Imaginären arbeiten, Es wirkt als die zweite (oder wahrscheinlich sogar als die erste) Grund-Triebkraft, als Freuds Wahrnehmungs-Schautrieb, als das *Strahlt*, das Bild-Wirkende. Es nur mit dem wissenschaftlich ungenauen Begriff der ‚Vision‘ zu erklären, reicht freilich nicht aus. Besser man greift auf Freuds ‚Vorstellungsrepräsentanz‘ zurück, die das Kraftgeschehen des Bild-Wirkenden in seiner originärsten Form zu Tage bringt.

Der Arzt und Psychoanalytiker F. W. Deneke beschreibt in diesem Sinne eines elementarsten Imaginären sehr genau die Existenz sogenannter ‚sinnlich-anschaulicher Erinnerungsbilder‘, ja gar von personalen ‚Urbildern‘, die im Unbewussten schlummern, weil sie verdrängt, abgespalten oder nur in zerstückelter Form bewahrt sind. Genau auf diese kommt es an, will man die Psychoanalyse nicht von dem sie dominierenden Wort-Wirkenden, sondern von der anderen Seite, wie es auch der Philosoph W. Benjamin von Bild-Wirkenden her aufbauend darstellen wollte.[79] Deneke war allerdings seinem Vater Freud nicht immer ganz wohlgesonnen, denn das Wichtigste am Freud'schen Trieb-Struktur-Konzept, nämlich den Trieb, lehnte er ab. Für ihn gibt es so wie bei dem Neurowissenschaftler G. Roth Gehirnstrukturen, deren

---

[79] Benjamins berühmtes ‚Passagenwerk‘ hat mit künstlerisch und philosophisch durchwirkten Bildkombinationen zu tun.

neuronaler, energetischer Austausch für das sorgt, was bei Freud die Triebkraft bewirkt.[80]

Doch seitdem wir wissen, dass das Gehirn über eine sehr große Plastizität verfügt und seine Zellen sich auch im späteren Leben noch erneuern, wird die These wieder plausibler, dass es die Seele ist, die das Gehirn steuert. Die auch seine computerhafte Struktur wie ein guter Programmierer nutzt, und die aus dem Entäußerungs-Sprechtrieb wunderbare Rhetoriken und aus dem Wahrnehmungs-Schautrieb großartige Ästhetiken macht, indem Es sich zum Beispiel an das Naturschöne anlehnt. „Das Naturschöne", schreibt der Philosoph Byung-Cul Han, „ist nicht etwas, was einem unmittelbar gefällt. . . vielmehr erschließt es sich einer *blinden, unbewussten* Wahrnehmung."[81] Es handelt sich um den inneren Blick, der über das Auge und seine neuronalen Strukturen (Sehrinde) triumphiert und der die Welt erotisiert und den Farben ihr eigentliches Licht gibt. Er wird in der Kunst gezähmt, geordnet, aber wildert nicht immer noch ein Rest des Imaginären überall herum?

Denn das eigentlich Ästhetische ist das nur im Verborgenen zu Sehende, das hintergründig Schöne, das semantisch Gemalte. Die Neurowissenschaftler wollen nur das glatte, oberflächlich Schematisierte und ‚neuroästhe-

---

[80] Roth, G., Wie das Gehirn die Seele macht, Klett-Cotta, 2019.
[81] Byung-Chul Han, Die Errettung des Schönen, Fischer Wissenschaft (2016) S. 35

tisch' sich Abreagierende, wie es der Nobelpreisträger E. Kandel beschrieb.[82] Kandel beschäftigte sich nämlich vorwiegend mit den Künstlern Klimt, Schiele und Kokoschka, die die weibliche Erotik offen, ja geradezu provozierend gezeigt haben, während er Freud zitiert, für den das weibliche Sexuelle ein „dunkler Kontinent" geblieben ist. Die Bilder der genannten Künstler, die oft masturbierende oder entstellte weibliche Akte zeigen, würden laut Kandel doch demonstrieren, dass die Frauen den Männern in der Erotik nicht nachstehen und oft die gleichen Phantasien haben. Mit anderen Worten: sie reagieren sich genauso ab.

Doch dies ist noch weniger als die halbe Wahrheit, denn selbst wenn die Frauen, wie auch Lacan bezüglich Freuds These bestätigt, der gleichen phallischen Libido huldigen, so tun sie dies nur, weil sie die ihr eigene „Jouissance' zu wenig schätzen und ihr zu wenig Gewicht geben. Nur deswegen erscheint der weibliche Kontinent ein bisschen dunkel, ist aber doch viel reizvoller, schöner und überwältigender. „So gehört zum Schönen auch die Negativität des Überwältigenden", schreibt Byung-Chu Han weiter. Und: „das ‚schmerzend Schöne' wird heute oft zum lächerlichen Gefallen (zum like it) degradiert", es geht um eine „innere Ausdrucksform des

---

[82] Kandel, E., Das Zeitalter der Erkenntnis, Die Erforschung des Unbewussten in Kunst, Geist und Gehirn von der Wiener Moderne bis heute, Pantheon (2014)

Subjekts", die kein nüchterner Wissenschaftler wie Kandel ergründen kann und auch die heutigen Social Media Kontakte völlig verfehlen.

Auch wenn D. B. Linke in einem seiner Bücher hinsichtlich des unbewussten, überwältigenden Imaginären, des Bild-Wirkenden, schreibt, dass es ein doppeltes oder mehrfaches „Zufassen" des Blicks gibt, weil das Bild sonst keinen Moment still hält, existiert doch in der ‚Vorstellungsrepräsentanz' des Schautriebs eine Möglichkeit, Denekes ‚Urbild' zu sehen, ihm also einen kurzen Halt zu geben.[83] Man muss also zwei- oder mehrmals hinschauen, um wirklich zu sehen, und dies ist im Unbewussten freilich schwieriger und eben nur möglich, wenn das Bild-Wirkende wenigstens durch ein minimalstes Wort-Wirkendes gestützt wird.

Im Bild von R. Magritte, La condition humaine, ist das Problem des *Strahlt* und *Spricht* und des zweimal zufassenden Blicks ideal gezeigt. Beim 1. Blick sieht der Betrachter nur Farben und Konturen einer Landschaft am Meer. Erst wenn der nunmehr 2. Blick zum Bild wird, sieht er wirklich das Meer und dass es auch als Titel (die typisch menschliche Bedingung) innen im Kopf des Malers und Betrachters ist. So fügt sich erst in ei-

[83] Linke, D. B., Kunst und Gehirn, Rowohlt (2001)

nem 3. Akt *Strahlt* und *Spricht,* Bild- und Wort-Wirkendes gleichgewichtig zusammen und vermittelt eine Ahnung von dem, was im Unbewussten passiert. Dort realisiert sich sehr wohl das zweimalige Zufassen des Blicks, aber es wird nicht voll erfasst, nicht wirklich begriffen.

Einen gewissen Einblick in die Sache kann man durch das Phänomen des ‚luziden Traums' bekommen, der aus einer gewissen Konstanz des zweimaligen Blickzufassens besteht. Meistens taucht dieser ‚luzide Traum' im normalen Traumgeschehen auf, indem sich das Traumfeld irgendwie lichtet, weiter, klarer und etwas bewusster wird. Ich habe eine Zeit lang mehrere solcher ‚luzider Träume' gehabt und zu Beginn jedes Mal gewusst, dass ich mich erneut in diesem ‚Zustand' befinde. Andere sagen, dass sie wüssten, dass sie träumen und nunmehr den Trauminhalt etwas bewusster steuern könnten. Man steht wie ganz minimal unter Strom, das Ganze hat Ähnlichkeit mit sogenannten Unzinatusanfällen, einer bestimmten Form der Epilepsie im Temporalbereich des Gehirns, bezüglich derer die Menschen sagen, dass sie phantastische Landschaften sehen oder die köstlichsten Speisegerichte schmecken.

Und so sind auch die ‚luziden Träume' nicht nur positive Erleuchtungen. Ich selbst dachte im ‚luziden Traum' immer, ich sollte versuchen nach oben über diese großartigen Bilder hinauszugehen, glitt über herrliche Gebirge, aber dann erfasste mich eine Angst, ich könnte zu weit im All, wie Ikarus, der Sonne zu nahe kommen, was die typische irrationale Traumsituation wiederspiegelt. Denn warum sollte man Angst vor der Sonne haben, wenn man gemütlich im Bett liegt und es ja auch immer einen Weg geben würde, die Gegenrichtung, zu Mars und Jupiter einzuschlagen? Die richtige Relevanz zu den Dingen fehlt im ‚luziden Traum‘, gegen Ende wird er stets irrationaler, auch wenn man davon nicht verrückt wird, sondern sich nur im Bild-Wirkenden, im Imaginären verirrt.

Trotzdem ist es notwendig sich mit dieser Seite des Unbewussten, das also von der Psychoanalyse nicht so beachtet wird, zu beschäftigen. Dazu sind ‚Visionen‘, ‚Urbild‘ des Ichs, Freuds ‚Vorstellungsrepräsentanz‘, Lichtmeditation oder Gopi Krishnas ‚silberner Glitzer‘ nicht unbedingt die idealen Primärformen des *Strahlt*. So sah Gopi Krishna beispielsweise Landschaften oft mit einem ‚silbernen Glitzer‘ bedeckt, was er als die positive, glückliche Auswirkung seiner Kundalinierfahrung beschreibt. Aber ist es wirklich so erfreulich und genussvoll, immer einen solchen Glitzer über den Bäumen und in den Wiesen zu sehen? Ist die Landschaft so wie sie ist nicht viel anmutiger, gefälliger und vor allem auch realistischer? Auch die Glitzerkleider von Frauen, überdecken nicht ideal das Grau der Alltagsseele.

Ich sehe daher in der Katharsis, in dem körperhaft erfahrbaren *Strahlt* durch Überlagerung der Körperbilder (nach Dolto), die bessere Möglichkeit das Imaginäre,

Bild-Wirkende mit ins Spiel des Unbewussten und das im Endeffekt zu Bewusstmachende zu bringen. Sie heißen nicht umsonst Körperbilder, weil sie wie psychische Triebobjekte wirken, sondern weil sie wie physisch, somatoform, spürbar sind. In Gopi Krishnas Kundalini haben sich die basalen, dynamischen und erotischen Körperbilder in besonders extremer Weise verbunden, sind zu etwas schlangenartigen Imaginär-Realem geworden. Das ist mehr als der Versuch heutzutage mit Virtual Reality Brillen oder bei Reinkarnationstherapien mit Visualisierungen früheren Lebens das Unbewusste sichtbar zu machen.

Sicher ist das Bild-Wirkende, der imaginäre Signifikant (um immer wieder einmal einen anderen Begriff für das stets gleiche *Strahlt* zu verwenden), sofort heilsam. Bei den Yogis und Mystikern wird es ja aus diesem Grund vorwiegend genutzt, so ist oft der Blick des Gurus alleine schon heilsam, weil Bild-Wirkendes aus dem Übertragungsvorgang ganz besonders zum Zug kommt. Aber die Wahrheit ist bei ihnen nicht die frigide Partnerin wie in der Psychoanalyse, sondern sie ist wie die Shakti bei Gopi Krishna, wie das Weib Gottes bei Schreber und die orgasmischen Sterne bei Griscom noch stark von der „phallischen Phase" her geprägt, denn darin ist Imaginär-Reales vorhanden wie es beim Transgender der Fall ist, der gleich mit der Psyche auch den Körper wechseln will.

Die Yogis und Mystiker verlagern also dieses bildhafte Logo ins emotional Erfahrbare, ,Visionäre‘, ins psychisch ,gute‘ Objekt, mit dem sie leben können ohne Wissenschaft zu betreiben. Sie brauchen dafür aber eine meist sektenartige Community, die die Güte des Objekts bestätigt. Dennoch ist die Erfahrung des ganzheitlichen Bild-Wirkenden, des *Strahlt*, von Vorteil, denn es leuchtet in die kleinsten Winkel des Unbewussten hinein, wohin die klassische Psychoanalyse mit ihrer Betonung des rein Wort-Wirkenden, des *Spricht*, nichts anfangen kann. Dies wird besonders bei psychosomatischen Leiden sichtbar, wo sich keine psychischen Objekte auffinden lassen, die man analysieren könnte. Vielmehr ist dort alles bis zum Geht-Nicht-Mehr somatisiert, wie es Gopi Krishna, vielen Psychoanalytikern selber und auch mir mit meiner somatoformen Störung ergangen ist.

Umgekehrt die Psychoanalytiker, die wie Freud sagte, oft die „unendliche Analyse“ benötigen, weil man seinem Analytiker immer noch etwas zu sagen hätte, ein *Spricht*, etwas Symbolisches, mit dem sich nicht so gut ein ,gutes‘ Objekt herstellen lässt. Dafür können sie aber die Wahrheit weitgehend einkreisen und wissenschaftlich ausdrücken. Englische Psychoanalytiker versuchen dies durch sogenanntes ,Mentalisieren‘ zu erreichen, eine Art der Affektspiegelung, die jedoch das Freud‘sche Unbewusste nur tangiert und zu sehr kognitiv-verhaltenstherapeutische Elemente enthält.[84] Es wird also viel zu viel Wort-Wirkendes verwendet und die Affektspiegelung ist nur ein kurzer reflektiver Bildmoment.

Es verhält sich wie mit der Liebe, wo viel zu viel darüber geredet wird, während sie sich gar nicht ereignet. Lacan setzt an diese Stelle, an diejenige also, wo das Bild-Wirkende, das *Strahlt* gestützt werden muss, den Begriff der „leeren Wiederholung".[85] Es muss etwas wiederholt werden, was nicht zu viel Wort ist, aber auch nicht nur Wiederholung des Blicks (in dessen mehrmaligem Zufassen), sondern ein Modus tautologischer Wiederholung, die nichts Konkretes sagt. Auch hier blitzt nur etwas auf, eine Bildverdrehung wie im Möbiusband, weshalb Lacan die Topologie für diese Seite des Unbewussten, die des Bild-wirkenden, stark ausgebaut hat. Für die ‚leere Wiederholung" sind die *Formel-Worte* der *Analytischen Psychokatharsis* ein ideales Beispiel. In ihnen wird viel geredet, aber nichts gesagt, so dass das Unbewusste gezwungen ist, etwas von sich zu geben.

Doch den entscheidenden Anteil am Bild-Wirkenden hat in der *Analytischen Psychokatharsis* eben dieses Kathartische, Befreiende, den Körper ‚Durchrieselnde', weil es nicht mehr zu sehr ins rein Imaginäre ausweicht. Beim Meditieren zu viele von Denekes ‚Erinnerungsbildern'

---

[84] Fonagy, P. et al., Mentalisieren in der psychotherapeutsichen Praxis, Klatt-Cotta, (2016)
[85] Lacan, J., Seminaire IX, Edit. Seuil (2011) S. 152

anzuschauen, ‚Visionen' zu haben oder zu umfangreiche Lichterscheinungen, zu simples *Strahlt* zu erfahren, führt vom eigentlichen Ziel ab, das ja mindestens dem *Spricht* die gleiche Wichtig- und Wertigkeit zugestehen muss. Selbst das Bild des Gurus zu meditieren, wie es Yogananda schilderte und es in vielen Yogamethoden vergleichbar den Christusvisionen im abendländischen Bereich vorkommt, ist ein bild-wirkender Umweg.[86] Die ‚Vision' des Gurus ist ja nur Vorbild, das noch durch Eigenleistung erfüllt werden muss. Sie als ein genussvolles ‚Blick-Verschmelzungserlebnis' zu erfahren, ist nicht das letzte Ziel.

Als letztes Beispiel für die Bedeutung des Bild-Wirkenden, des Imaginär-Realen, möchte ich noch die Kunst anführen. So zeigen z. B. die Bilder M. Rothkos oder R. Geigers oft nur Flächen ähnlicher Farben. Diese fast topologischen, aus einfachen Gestaltungen erstellten Farbkompositionen sind eigentlich keine Bilder mehr, sondern eine unbewusste Dynamik von Flächen, wie sie natürlich auch die innere ‚Leinwand' des Malers darstellt. Ein zu sehr figuratives Gemälde eine ausgedehnte Zeit lang zu betrachten, oder es so lange im Kopf und im Herzen herumzuwenden, zu verinnerlichen und zur phantasmatischen Verschmelzung zu nutzen, würde in Müdigkeitszuständen oder in Halluzinationen münden. Aber eine Farbfläche, die trotz geringer Unterschiede mit einer danebengesetzten Farbfläche konkurriert, könnte in

---

[86] Yogananda, Autobiographie eines Yogi, Phil. Library (1946)

eine meditative Trance, in eine wahre Kontemplation führen. Sie bringt das *Strahlt* in seine Höchstform, rundet es aber ebenfalls wieder nur ab.

Man könnte das Körperbild auch auf ein Gesicht reduzieren, das ja – wie schon mit dem Begriff der Spaltung mehrfach beschrieben – die innere Schichtung und Spannung, wenn auch nicht bis zur letzten Gespaltenheit anzeigt. Doch wenn man sich die Gesichter in der Malerei der letzten Jahrhunderte ansieht, wird man zugeben, dass das moderne Gesicht als Ausdruck der innerlichen Verfassung in der heutigen Make-up und Close-up (Nahestellung bei Film und Foto) Gesellschaft weitgehend verschwunden ist. Nirgendwo existieren mehr die Falten und Narben, aber auch die aus innerer Fröhlichkeit und Ruhe leuchtenden Darstellungen der Gesichtszüge. Heutzutage „wird das Gesicht selbstreferentiell. Es ist nicht mehr welthaltig, d. h. nicht mehr expressiv. Das Selfie ist genau dieses leere, ausdruckslose Gesicht".

Und noch mehr „im Close-up wird das Gesicht zum Face geglättet, das weder Tiefe noch Untiefe hat. . Es fehlt ihm die Innerlichkeit. . . In der Großaufnahme des Gesichts verschwimmt ganz der Hintergrund".[87] Und so schreibt der Philosoph Baudrillard sogar: „Die Großaufnahme des Gesichts ist genauso obszön wie ein aus der

---

[87] Byung-Chul Han, Die Errettung des Schönen, Fischer (201) S. 21-23

Nähe betrachtetes Geschlechtsteil."[88] Exakt deswegen ist die *Strahlt*-Übung wichtig, die das innere Gesicht als Luzidität beharrlich und kathartisch werden lässt, so dass man es selbst akzeptieren und lieben kann, auch wenn es nur ein Punkt ist. In der *Analytischen Psychokatharsis* geht es um dieses Bild oder den Blick, der stehen bleibt, der für einen Moment das Innere erhellt, der aber gleichzeitig vom *Spricht* der *Formel-* und *Pass-Worte* in wissenschaftlicher Form gehalten wird.

Gopi Krishnas ‚silberner Glitzer' täuscht dagegen mit dem imaginären Signifikanten nur göttliche Weisheiten vor, ähnlich wie dies im Alten Testament das *Strahlt* des göttlichen Antlitzes, im Yoga und bei den Theosophen das sogenannte Astrale, sowie im Buddhismus der Begriff der Erleuchtung versucht. Von Lichtflüssigkeit bis zur Samenessenz, von Bioenergie bis zum außerordentlichen Bewusstsein, mit all diesen Worten wird stets die gleiche Sache beschrieben, die einfach ein bisschen phantastisch klingt. Gopi Krishna sucht ständig nach einem neuen Trans für all das, was ihm in seinem Cis passiert ist. Man verharrt also in gleicher Weise wie die herkömmliche Psychoanalyse im *Spricht*, in einem abgerundeten, nicht vollständigen und daher in einem immer wieder ein Trans notwendig machenden System des *Strahlt*.

---

[88] Baudrillard, J., Das Andere selbst, Passagen Verlag (2016) S. 35

Ich fasse es so zusammen: Der antik-mythische Mensch braucht diesen ungenauen, schöngeistigen Diskurs, wie ihn Gopi Krishna handhabt, und der für alle möglichen Formen des Trans Platz lässt. So z. B. für westliche Interpretationen oder Vergleiche mit der Psychoanalyse (in verbindlicherer Form als es Gopi Krishna getan hat). Und genauso braucht der eng naturwissenschaftlich denkende Mensch zahlreiche Ergänzungswissenschaften (Soziologie, Psychologie, Philosophie, Linguistik, Theologie, etc.), die das Trans seines Diskurses darstellen, denn sie verstehen sich untereinander nicht genug. Jeder konzentriert sich nur auf seine Wissenschaft, und so sind sie allen untereinander inkompatibel geworden. Die Psychoanalyse Freuds stellt einen Ausweg dar, aber dieser ist inzwischen nicht mehr up to date und ebenfalls nicht mehr verbindlich genug. Als bleibe ich bei Lacan und meinem Versuch der *Analytischen Psychokatharsis*.

10. Menschenkrise

Es geht nicht um die Krise der Menschheit. Von einer solchen hören wir jeden Tag in den Nachrichten und lesen es zusätzlich noch in der Zeitung. Es geht überall grauenhaft zu, in vielen Ländern herrschen Diktatoren, hunderte von Millionen Kindern hungern. Es geht um die Krise des Menschen, die Menschenkrise selbst. Daran ist jeder Einzelne beteiligt, meist ohne es zu wissen. Sie besteht darin, dass man glaubt ein Urvertrauen in die Welt haben zu können, oder dass ein Gott alles richtet oder die Fachleute, die Spezialisten, die Professionellen über alles die Übersicht haben. Dabei ist der wichtigste doch der Spezialist im Nichtspezialisiertsein, also man selber. Denn auf Spezialisten kann man nicht verzichten, wie aber wird man solch einer, der jedes Spezialistentum vermeidet?

Ich habe mich als Allgemeinarzt immer in einer derartigen Rolle empfunden und mit der Psychoanalyse konnte ich diese Rolle noch weiter vertiefen. Freilich muss man die anderen Spezialisten kennen, also diejenigen, die nur ihre Schmalspur beherrschen, und so war ich jeweils ein Jahr in der Pathologie, Chirurgie, Inneren Medizin, Psychiatrie und Neurologie, bis mir klar war, das ich keines zu meiner Hauptdisziplin machen wollte. Aber als Spezialist im Nichtspezialisiertsein brachte ich es auch nicht weit. Mir fehlte die Formel des Subjekts, nur von ihr kann man ausgehen, und so gelang es mir erst spät, fast gegen Ende des Berufslebens, davon zu schreiben.

Wohl aus ähnlichen Gründen argumentiert der Philosoph und Politologe A. Künzli in seinem Buch ‚Gotteskrise‘, dass seit den grauenhaften Weltkriegen, in denen alle Scheußlichkeiten, Sadismen und Schrecken passiert sind, die man sich ausdenken kann, für Gott und Theodizee kein Platz mehr ist. Man braucht ihn nicht. Und so bricht Künzli eine Lanze für den Agnostizismus, dem er jedoch sofort wieder die Gefahr lauter ‚selbst Denkender‘ zuschreibt, die in Elfenbeintürmen sitzen, Glasperlenspiele betreiben oder als Unberufene im ‚Psycho-Boom‘ reüssieren wollen. All dies verkehrt „ihr Bemühen, den in ihrer psychischen Entwicklung stecken gebliebenen Menschen zu einer ihnen möglichen Mündigkeit zu verhelfen, ins Gegenteil und macht sie abhängig von irgendwelchen – zum Teil abstrusen – Selbstheilungs-, ja Selbsterlösungspraktiken. Aber keine Vernunft ist vor dem Missbrauch durch eine Unvernunft geschützt.“[89]

Nachdem Künzli jedoch feststellt, dass das Bedürfnis nach dem Trans der Transzendenz ungeheuer groß ist, und man ihm einen Platz zuweisen muss, propagiert er zum Schluss einen ‚religiösen Agnostizismus‘, von dem er selbst sagt, dass er widersprüchlich sei. Trotzdem meint er, dass die Vernunft des ‚religiösen Agnostizismus‘ etwas anderes ist als blinder Aktionismus, „ihre Vernunft ist eine durch das von den Menschen selbst verschuldete Leiden zur Revolte gegen diese motivierte Vernunft“. Aber handelt es sich so nicht auch wieder um

---

[89] Künzli, A., Gotteskrise, Fragen zu Hiob, Lob des Agnostizismus, Rowohlt (1998)

eine nichtspezielle Spezialisierung, um seine Selbstheilungspraxis, die in ihrem eigenen Widerspruch scheitern
muss?

Der Soziologe T. Lipowatz verfügt über ein anderes Ar-
gument. Er antwortet auf F. Dürrenmatts These, dass
„der Mensch von einer Kompliziertheit ist, die nur Indi-
vidualitäten zulässt", dass diese richtige und wichtige
Aussage noch durch das Statement ergänzt werden muss,
dass neben der Individuierung als zweites wichtiges
Prinzip die „Liebe zur Transzendenz" zu stehen hat. Die
„Angst vor der Individuierung", die Angst vor einem tiefen, inneren Mangel, muss man nur durch einen komplexen Individuierungs-Vorgang überwinden, aber auch
mit Liebe zur Transzendenz als solcher begleiten.[90] Das
Trans fällt also auch bei Lipowatz nicht ganz weg.

Doch Lipowatz warnt davor, „das Handeln des Menschen in sogenannten Geschichtsprozessen aufgehen zu
lassen", und so hat er auch einen religiösen Aspekt im
Sinn: Gott muss einen neuen Namen bekommen, der aus
intensiven geistes-wissenschaftlichen und psychoanalytischen Diskursen zu gewinnen ist. Und dieser Name ist
eine Liebesgewissheit „jenseits der Leidenschaften" in
mitten einem selbst, schreibt er. Ich langweile, wenn ich
auch jetzt wieder schreibe, dass das alles schön und gut
ist, aber nur eine theoretische Formel, derer ich schon

---

[90] Lipowatz, T., Die Verleugnung des Politischen, Quadriga
(1986) und Der Fortschritt der Geistigkeit und der Tod Gottes,
Königshausen & Neumann (2005)

einige erwähnt habe. Trotzdem gefällt mir die Bemerkung von der Liebesgewissheit.

Eine derartige Gewissheit versuche auch ich durch die ‚Selbstheilungspraxis' der *Analytischen Psychokatharsis* zu erreichen, die im Gegensatz zu Künzlis Äußerung nicht unberufen daherkommt, sondern wissenschaftlich und psychoanalytisch abgesichert und hilfreich ist, insbesondere auch durch Einbeziehung von etwas Meditativem. Obwohl beispielsweise das Handbuch ‚Meditationspraxis' von J. F. Boeckel,[91] auf Grund dessen bewegenden Lebenserfahrungen (schwer weltkriegsverletzt, dann wieder Fremdenlegionär, später Studium der Philosophie und Theologie, Berufung zum Pfarrer in Hamburgs Undergroundmilieu, Zen-Meditationsausbildung und Weitergabe) schon vor daher lehrreich ist, fehlt ihm die Wissenschaftlichkeit. Er schreibt vom Sartori, der ‚Erleuchtung', was mystisch-spekulativ ist und der westlichen Kultur fremd bleibt. Kann man sich darauf selbstaufgebend verlassen?

Wie weiterkommen? Helfen uns heute Neurowissenschaften weiter, weil man von diesem Bereich aus, also vom Gehirn her, am besten beurteilen kann, was die Seele ausmacht? Die These vom ‚Netzwerk Menschengehirn' wird in einem neueren Werk des bekannten Hirnforschers G. Roth dargelegt.[92] Roth postuliert sechs

---

[91] Boeckel, J. F., Meditationspraxis, Verlag Zweitausendeins (1995)
[92] Roth, G., Wie das Gehirn die Seele macht, Klett – Cotta (2014). Ich erwähne nur nebenbei die Bücher von S. Pinker, A.

`psychoneuronale Systeme´ (stressverarbeitend, intern beruhigend, intern bewertend und belohnend, impuls-hemmend, bindungssystemisch und das System des Realitätssinns und der Risikobewertung) und vier entsprechende, mehr oder weniger hierarchische `Ebenen´ (untere limbische, lebenserhaltende Ebene, mittlere limbische emotionsbezogene Ebene, obere limbische Ebene bewusster Gefühle und Motive und die kognitiv sprachliche Ebene). Nichts charakterisiert deutlicher, dass schon allein die Aufzählung dieser Systeme uns zur komplexen psychoneuronalen Maschine macht. Für ein einfach zu verstehendes ‚Psycho.net‘ gilt dies nicht.

Am interessantesten und erstaunlichsten erscheint die Beschreibung der ineinander Verkettung von Gehirn, Genen, Neurotransmittern und der Psyche. So beschreibt Roth die Vermutung, „dass die Wirkung des Serotonins auf Aggressivität davon abhängt, in welchem Maße eine *individuelle Neigung zu Aggressionen* ausgebildet ist. . . Männer mit einer *ausgeprägten* Neigung zu Aggressionen reagieren auf eine *Verminderung* von Serotonin mit erhöhter Aggressivität, Feindseligkeit und Streitsucht . . während eine *Erhöhung* bei diesen Menschen das Gegenteil bewirkt. Männer hingegen, die eine *geringe* Tendenz zu Aggressionen aufweisen, reagieren auf die Veränderungen der Serotoningabe *nicht* mit Veränderung der Aggressivität. Es scheint also, dass Serotonin nicht

---

Damasio, E. Kandel, O, Turnbull und andere, da sie alle eine ähnliche Vorgehensweise haben, nämlich die Seele neurologisch zu erklären.

generell die Aggression reduziert, sondern die *Impulsivität* hemmt, d. h. die Bereitschaft, latent vorhandene aggressive Tendenzen auszudrücken. Bei niedrigem Serotoninspiegel bricht sich dann die impulsive Aggression Bahn."

Nun beschreibt Roth nicht, was unter Neigung zu verstehen ist. Ist sie angeboren oder erworben? Wahrscheinlich beides, denn die Gene spielen ja in Roths Schilderungen eine bedeutende Rolle, aber sicher können durch Fehlentwicklungen und traumatisierende Ereignisse ja auch Neigungen erworben worden sein.[93] Doch wenn sie erworben sind, hat die Seele ja das Gehirn gemacht und nicht umgekehrt. Das Gehirn hat neuesten Forschungen zufolge eine ausgeprägte Plastizität, so dass eine aus sozialen aber auch unbewussten Konflikten berechtigte Wut Einfluss auf das Serotonin haben kann und damit alles anders gesteuert wird. Letztlich will ich jedoch gar nicht auf eine spezielle Kritik an all diesen Neurowissenschaftlern hinaus. Für mich liegt das Hauptproblem darin, wie Hirnforscher bezüglich ihrer Forschungen Gehirnbilder (bild-, und neuronenbahnbezogen) und die symbolische Ordnung (wort-, wissenschaftlich ausdrucksbezogen) benutzen. In den beiden oben zuerst genannten Fällen wird dieser Unterschied gar nicht erwähnt und berücksichtigt. Das Gehirn spricht bei diesen

---

[93] So etwas wird vor allem im Mechanismus der Epigenetik diskutiert. Damit sind Veränderungen im Erbgut insofern möglich, als zwar nicht die Gene direkt verändert, diese aber wohl vermehrt an- oder abgeschaltet werden können.

Neurowissenschaftlern überhaupt nicht, nur sie selber reden.

Bei G. Roth verhält sich dies etwas anders. Aber auch hier sind Gehirnareale mit den sprachlich-kognitiven Vorgängen nur „befasst" (vor allem im Frontalhirn). Es sind nicht wir, die denken, sondern Es. Nun ist dies gar nicht so weit von psychoanalytischen Vorstellungen entfernt, wenn auch befremdlich ausgedrückt. Freud konzipierte ja die schon eingangs erwähnten „unbewussten Gedanken", aber das Es war hauptsächlich durch libidinöse Vorgänge geprägt, was Lacan folgend dem „Signifikanten des Wissens" zugehört, also diesem *Anderen*, insofern Es – sprachlich aber auch bildlich – weiß (warum nicht ‚sie' dazu sagen, denn während er, der Mann, redet, weiß sie). Wie nur-bildliches Wissen, wenn es also unabhängig von der Sprache zu verstehen ist, funktioniert, kann ich hier nur andeuten, denn es funktioniert eigentlich am besten im Zusammenhang mit den B(r)uchstaben.[94]

Oder mit Bildschnitten und Bildüberlagerungen, wie ich es von W. Benjamin in seinem nie ganz fertiggestellten ‚Passagenwerk' versucht hat. Er hatte im ersten Halbjahr des letzten Jahrhunderts eine Unmenge an Bild- und

---

[94] Oudee Dünkelsbühler, U., Zeugnis und Schrift: B(r)uchstaben an der Couch, Les Etats Généraux de la Psychanalyse (2001), worin der Autor die elementarsten Schnitt- und Bruchstellen im psychoanalytischen Prozess meint, wie sie sich im Traum, bei Versprechern oder andern sogenannten Fehlleistungen des Patienten einstellen.

Textmaterial gesammelt, das er nach Gemeinsamkeiten, Übereinstimmungen und Bedeutungen und anschließernd nach gesellschaftskritischen Aspekten zu ordnen versuchte. Über Goethes Begriff des ‚Urphänomens‘ (beispielsweise der Urpflanze als Grundstruktur der gesamten Botanik), wollte Benjamin eine ‚Urformel‘ finden, wie er sie auch in ‚kollektiven Träumen‘ vermutete.[95] Benjamin musste im zweiten Weltkrieg mit ein paar Freunden über die Pyrenäen flüchten, doch die Spanier ließen sie nicht weiterziehen, und so brachte er sich um.

Hätte er mehr von Freuds ‚Vorstellungsrepräsentanz‘ gewusst, wäre ihm dieses ungeheure Projekt, das Bild- und Wort-Wirkende in einer Ikonographie zu erstellen, eher gelungen. Ich erinnere nochmals an F. W. Denekes im Unbewussten bild-wirkenden, ‚sinnlich-anschaulichen Erinnerungsbilder‘, die personalen ‚Urbilder‘, die man den in der Psychoanalyse dominierenden Wort-Wirkenden gegenüber stellen kann. Wie erwähnt existieren für ihn keine Triebkräfte. Für ihn gibt es so wie bei Roth Gehirnstrukturen, deren neuronaler, energetischer Austausch für das sorgt, was bei Freud die Triebkraft bewirkt. Das Bild-Wirkende im Passagenwerk Benjamins würde er nicht verstehen, es wäre ihm zu wenig

---

[95] Es handelt sich um Träume, die auf Grund gesellschaftlicher Spannungen und Strukturen in einem großen Kollektiv im Sinne der Freud'schen Wunscherfüllungstheorie gleichermaßen zustande kommen und so das unbewusste ‚Urbild‘ verraten können. Ausführlich berichtet S. Buck-Morss darüber in ihrem Buch ‚Dialektik des Sehens‘, Suhrkamp (2000)

neuronennetzwerklich, zu wenig mechanisiert und eben zu dialektisch.

Aber der Trieb ist doch gerade das, was dem Psychismus seine freche Dynamik, seine laszive Kraft und sein Befriedigungs-, Erfüllung- und Genuss-Suchendes Drängen ausmacht. Das Gehirn will doch nicht die lustvollen und vertrackten Liebesgeschichten erfinden, es denkt sich doch nicht die Schachzüge und Raffinessen in den menschlichen Beziehungen aus. Es bringt nicht den von mir schon erwähnten Gourmet zustande, oder den Geizhals, den Geltungssüchtigen oder den Narzissten, der — in der von Freud als ‚primär' bezeichneten Form — sich selbst bis zum Geht-Nicht-Mehr in erotomaner Liebe erstrahlen lässt. Hier gibt es eine Spiegelung, gewiss, wie sie auch Neuronen herstellen können, aber in der Mitte der Spiegelerfahrung steht doch der Mensch selbst, sein erstes nur kurz aufblitzendes Ich, das mit jedem Strahl wieder verloren geht, und so neu gesucht werden muss. Doch da ist Psychodynamik drin, nicht Denekes Gehirnmechanik.

Erst heute sehen nämlich viele neuere Psychoanalytiker das Vorherrschen primärster Spiegelungen, speziell solcher im eigenen Körper, also das starke, uns von Anfang an bestimmende ‚Körper-Spiegel-Ich', das psychische „concrete original object" (COO), als ohnehin präexistent an.[96] Wer Säuglinge beobachtet hat, und dies gehört

---

[96] Ferrari, A. B., From the Eclipse of the Body to the Dawn of Thought, London: Free Association Books (2004)

heute zur psychoanalytischen Ausbildung, wird bestätigen, dass in den ersten Wochen das Kind betont selbstspiegelnd in sich verbleibt.

Die ganz frühe Körper-Eigen-Spiegelung ist dennoch eine wichtige seelische Erfahrung. Das Kind hat also noch keine oder nur ganz geringe ‚horizontale, vokale Beziehungen‘ und verharrt einige Zeit in der ‚vertikalen, spiegelnden Beziehung‘ zu sich selbst. Erst später folgen dann die eigentlichen Selbstspiegelungen, mit denen man sich nach außen hin im *Anderen* reflektiert, wozu dann eben auch sekundärer Narzissmus und andere Eitelkeiten und Geltungssüchte gehören. Diese früheste Spiegelungsphase ist also die erstere der zwei Formen von Spiegelungen, indem sie eine direkte Spiegelung mit dem eigenen Körper ist, das pure Es *Strahlt*. In der *Analytischen Psychokatharsis* tritt es auch als zu spürendes, als koenästhetisch wahrzunehmendes Körperbild auf, also als das COO in Form eines körpereigenen ‚Durchrieselns‘, wie ich es noch beschreiben werde.

Wie gesagt bezeichnet auch die Psychoanalytikerin S. Maiello diese Frühform des Es *Strahlt* als gespürtes „Erlebnisobjekt“, indem das Kind die Wärme und die Erregungen der Mutter – möglicherweise schon im Mutterleib – als etwas Eigenes bild-wirklich ‚erlebt‘. Exakt dies korreliert mit dem Begriff des ‚Urbildes‘ von Deneke, das Freude, Zuversicht und Vertrauen ermöglicht, aber auch traumatisierend, beschämend und quälend sein kann. Deswegen ist dieses ‚Urbild‘ nicht konstant und stabilisierend, es müssen noch andere Aspekte damit verbunden werden. Zum Bild-Wirkenden, zum *Strahlt* muss das Wort-Wirkende, das *Spricht* dazukommen und sich noch dazu in besonderer Weise mit ihm kombinieren.

Die Frühform des damit korrelierenden Es *Spricht* nennt Maiello das „Klangobjekt", weil das Kind noch im Mutterleib den Herzschlag und das Sprechen der Mutter ‚hört' und auch dies für sein eigenes Rhythmisches, Widerhallendes, Verlautendes hält.[97] Viele Primärvölker versuchen diese Frühphase zur Kommunikation zu nutzen, indem sie in den ersten Lebenswochen des Kindes dessen Lallen nachahmen, um eine Art von Gleich- und Miteinander-Klang herzustellen. Die Psychoanalytikerin D. Birksted-Breen zeigt Fälle auf, an Hand derer sich ganz klar nachweisen ließ, dass Menschen, denen diese Fähigkeit zum „Widerhall" fehlt, nicht träumen können und daher auch meist schwere Schlafstörungen und psychische Probleme haben.

Nun verbinden sich diese psychischen ‚Objekte' untereinander anfänglich in noch ziemlich chaotischer Weise, wie sie ja besonders für den imaginären *Signifikanten* typisch ist. Wohl deswegen kommt es zur zweiten Phase, die der Selbstspiegelung im *Anderen* außen und mit dadurch zu einem mehr elaborierten *Spricht*. Davon verstehen die Neurowissenschaftler allerdings nichts, denn

---

[97] Maiello, S., Das Klang-Objekt, PSYCHE Nr. 2 (1999) S. 137-157

für sie lagert das Sprechen in den motorischen und sensorischen Sprachzentren, in der Broca- und Wernikeregion des Gehirns. Ausführlicher berichtete darüber A. Friederici vom Max-Planck-Institut für neuropsychologische Forschung in Halle.[98]

Sie unternimmt zuerst eine akustisch phonetische Analyse des Gesagten, untersucht dann Wortkategorie und Erstellung der syntaktischen (grammatischen) Struktur und in weiteren Schritten die Semantik (Bedeutung). . . „Neben der syntaktischen und der semantischen Information enthält gesprochene Sprache aber auch noch prosodische Information: Information also über den Tonhöhenverlauf. . . Daten belegen eine dominante Involvierung der rechten Hemisphäre bei der Verarbeitung prosodischer Information. . . .Syntaktische und semantische Bedingungen unterscheiden sich darüber hinaus in der Aktivierung frontaler Areale. Zur weiteren Klärung der Zusammenhänge werden Verfahren wie das der ereigniskorrelierten Hirnpotenziale (EKP) genutzt", usw, usw.

Die Sprache wird also nicht nur in der linken Hirnhemisphäre verarbeitet, sondern prosodisch (Satzakzente, Intonation, Lexikalik) in rechten Hirnarealen. In der neurolinguistischen Literatur werden prosodische Strukturen sowie auch deren Störungen auf unterschiedliche Art und Weise beschrieben. Doch wo sitzt dann das übergeordnete Zentrum, das beide Gehirnareale nicht nur ver-

---

[98] Friederici, A., Wie Sprache auf die Nerven geht, Neuropsychologische Forschung, MPI Halle (2/2002)

bindet, sondern auch kombiniert, koordiniert und über-
regional verschichtet? Da müssen die Neuropsychologen
wieder passen, sie kennen nur die Verbindung über den
Balken, das corpus callosum, das jedoch keine eigen-
ständige, kreative Region ist, sondern nur die massiven
Faserbündel zwischen rechtem und linkem Gehirn enthält.

Wie ein Versprecher zustande kommt, lässt sich neu-
ropsychologisch schon dreimal nicht erklären. Ein be-
gabter Neuropsychologe ist Prof. R. Werth. In seinem
Buch ,Hirnwelten' beschreibt er zuerst den Schauder
neurowissenschaftlicher Tierversuche. Er ist durchaus
empathisch, schildert aber vielleicht gerade deswegen
die Versuche in ihrer Schrecklichkeit. So mussten eine
Katze mit ihren drei Jungen über Monate in totaler Dunkelheit in einem Käfig ausharren, um sie mit einer anderen Gruppe, die bei normaler Helligkeit groß wurden, zu
vergleichen. Dass die im Finstern gehaltenen Kätzchen
das Sehen nicht mehr richtig erlernen würden, wenn man
sie hätte überleben lassen, ist auch so klar. Was Häns-
chen nicht lernt, lernt Hans nimmermehr, hat man uns
schon in der Schule im Biologieunterricht beigebracht.

Ich kann mir nicht vorstellen, dass die ohnehin bekannte
Tatsache, dass man Kinder mit angeborener Linsentrü-
bung möglichst bald mit einem Femtosekundenlaser
operieren muss, durch die Gehirnuntersuchung der getö-
teten und von ihrem Leiden damit ironischerweise erlös-
ten Kätzchen, große Änderung erfahren wird. Werth
musste solche Tätigkeiten auf Grund seines Werdegan-

ges ausüben, ich hätte derartige Versuche nicht machen können. Mir war in all den Kliniken, in denen ich war, immer irgendetwas zu hart, zu hierarchisch, zu wenig menschlich oder zu einseitig gewesen. Schließlich musste ich werden, was ich oben schon erwähnte: Allgemeinmediziner und Psychoanalytiker.

Wie erwähnt hatte ich mir in der psychoanalytischen Ausbildung Persönlichkeiten vorgestellt, die schon durch ihre Ausstrahlung Wirkung hätten. Aber mit dem *Strahlt*, das Lacan auch die ‚ultrasubjektive Ausstrahlung‘ nennt, hatten sie es nicht so. Sie konzentrierten sich ausschließlich auf das *Spricht*. Ich führte zwar meine Ausbildung weiter fort und war dann auch fast vierzig Jahre lang als Psychoanalytiker tätig, besuchte jedoch schon damals gleichzeitig die zitierte Meditationsgruppe. Ich hatte das Gefühl, dass Meditation und Psychoanalyse kein Widerspruch sind und sich gegenseitig bereichern könnten, und dass sich hier ‚ultrasubjektive Ausstrahlung‘ und logisch Strukturelles gut verbinden könnten.

Das war freilich nicht einfach, doch schließlich stieß ich bei Lacan auf das, was ich schon eingangs, am Ende des ersten Kapitels, vom Unterschied das gekehrten Wissens im Verhältnis zur gelungenen Formel geschrieben habe. Es genügt nicht, das Wissen wie an der Universität zu lehren, man muss es kommunizieren, zutreffend, richtig gewusst und gut gesagt oder durch ultrasubjektiv ausgestrahlte Logik (wenn ich das einmal so sagen darf) vermitteln und übertragen. Das besorgen nur gute, gelungene, wissenschaftliche Formeln wie ich sie ja nunmehr im

Kapitel 8 gezeigt habe, wobei auch die Folgerungen durch die entsprechenden *Pass-Worte* bzw. ein Beispiel davon vermittelt worden sind.

Ich will ein weiteres Beispiel anführen, das mir selbst zugekommen ist. Ich habe in den vielen Jahren, in denen ich die *Analytische Psychokatharsis* ausgeübt habe, zahlreiche *Pass-Worte* vernommen, doch nur einige sind von größerer Bedeutung. Eines von vielleicht mittlerer Bedeutung, aber von originellerer Art, lautete: „Es geht ums Heiraten". Ich bin selbst schon fast fünfzig Jahre verheiratet, und auch sonst gab es keinen Zusammenhang mit einer Heirat, an die ich hätte denken können. Im Grunde genommen beziehen sich die *Pass-Worte* meist auf den Zusammenhang mit den Übungen selbst oder die damit verbundene Selbstfindung, subjektbezogene Wahrheit, Deutung, Mahnung, Rufung aus dem Unbewussten. Und so war mir sofort klar, dass es um den/das *Andere(n)* ging, um das gute innere, konstante ‚Objekt', um dies urvertraute Gefühl der Katharsis in der ersten Übung, nämlich mit sich und der Welt zufrieden, freudig, stimmig, eins zu sein.

Doch dies sollte nun durch eine Heirat bestätigt, sanktioniert und zum Höhepunkt gebracht werden, deutete ich das *Pass-Wort*. Höhepunkt hieße auch, dass meine Arbeit weitere Verbreitung erfährt, denn dafür ist sie ja gemacht worden. Es muss zu keiner Community von Anhängern der *Analytischen Psychokatharsis* führen, denn eine solche habe ich ja bei den Psychoanalytikern kritisiert. Eher könnte es um Anerkennung auch von anderer wissenschaftlicher Seite her gehen, wenn ich mir auch gar nicht vorstelle, dass ein Institut oder ein Forum gegründet werden sollte. Alle diese sozialen, bürokratischen, vereinsmeierischen, organisatorischen Vorgänge sind nicht notwendig.

Mit dem *Anderen* verheiratet zu sein, und damit auch mit etlichen anderen irgendwie zusammen zu hängen, ist doch genug. Ich habe es zwar nie besonders glücklich gefunden, auf welche Weise Nonnen mit Christus verheiratet sind, wo es sogar oft heißt, dass der Sterbetag als der Hochzeitstag anzusehen ist. Andererseits ist es aber auch nett, schön und nicht unstimmig, im Religiösen Braut und Bräutigam zu sein. Die „für den Mann geschmückte Braut" (Off 21;2), das „Frohlocken des Bräutigams über seine Braut" , wovon schon im Alten Testament die Rede ist (Jes 62;5), und immer wieder Jubelklang (Jer 33,11) oder gar die so schöne Geschichte vom Bräutigam und den klugen und törichten Jungfrauen (Mat 25;1), sie alle besingen so malerisch die Heirat, die Hochzeit, den *Anderen* ohne jeden Querstrich.

Man muss es allegorisch nehmen, aber wenn *L'Autre* nicht Gott, sondern derjenige des ‚couple sexuel' ist,[99] ist der Hinweis auf die Heirat keine schlechte Idee. Die onenight-stands heutzutage haben es nicht so in sich, meistens bleibt ein schaler Geschmack dieser Scheinbeziehung zurück, manche aber bemerken das gar nicht. Sie

---

[99] Lacan, J., Seminaire XIX, Edition Seuil (2011) S. 112.

trösten sich mit der Grellheit des Scheins, mit der Luzidität des Vorgangs. Sie jubilieren und freuen sich jedenfalls nicht, weil keine Katharsis zustande kommt, kein ‚Durchrieseln' im fusionierten Körperbild. Es geht also ums Heiraten, mittelhochdeutsch hirat oder hired, Hausgenossen, im Haus Vermählte. Gemeinsam in eine Hütte ziehen, ist auch bei den Mohave-Indianern das Wesen der Heirat.

Doch die Mohave-Indianer – so der Ethnologe G. Devereux, der sie erforscht hat – ziehen zwar unter ein gemeinsames Dach, dort aber wird die wirkliche eheliche Gemeinschaft erst dann geschlossen, wenn sie auch träumen, dass sie ein wirkliches Paar sind, dass sie eine aus der Seele des Unbewussten heraus geschmiedete Vereinigung der Geschlechter sind. Erst wenn aus dem tiefsten Inneren die Botschaft, das Identitäts- oder *Pass-Wort* kommt, dass sie eine Gemeinschaft sind, ein Paar, eine völlige Verbindung, sind sie wirklich verheiratet. All das passt wunderbar zur *Analytischen Psychokatharsis*, wo man es nicht träumen muss, sondern meditieren kann. Denn mit dem Träumen klappt es bei den Mohave-Indianern nicht immer so gut. Der Schamane, der Medizinmann, muss dann etwas nachhelfen.

Und nochmals ein Beispiel, das mir kurz danach widerfuhr: „Er wird es übernehmen." Er/Es, der ‚*Andere* des sexuellen Paars'. Er/Es wird es übernehmen, was ich noch zu schreiben und zu tun habe. Weder vom Ich, noch vom Überich oder Ichideal herkommend kann etwas übernommen werden, was Sinn macht und Erfolg haben kann. Wenn es aus dem eigenen Inneren kommt, aus den unbewussten Gedanken wie Freud sagte, hat es eine viel intensivere Bedeutung, Aussagekraft, Wichtigkeit und Signifikanz, als wenn es einem ein Lehrer, Theologe, Professor, ja auch Freund oder Familienangehöriger sagt. Denn es wirkt jedes Mal wie eine Formel, ja es ist die Formel des Subjekts, die nur so aus dem Freud'schen Es, dem Lacanschen A, herauskommen kann!

Es existieren freilich auch völlig banale und simpel gestrickte *Pass-Worte*, und man muss auch solche, die besonders bedeutsam klingen, nicht immer ernst nehmen. Allein schon die Tatsache, dass sie aus dem eigenen Inneren kommen, gibt ihnen eine gewisse Wichtigkeit und Bedeutsamkeit, die man meist zu würdigen weiß. Allein schon das Hinlauschen auf den Ton, den Laut, der anfänglich vielleicht zu leise, manchmal auch nur ein Tinnitus ähnliches Geräusch sein kann, gibt einem das Gefühl innerer Festig- und Objekthaftigkeit. Doch das Ziel ist selbstverständlich, dass eine wesentliche Aussage über einen selbst zustande kommt, die durch das Verfahren mittels der *Strahlt/Spricht* f o r m a l geordneten Formel-Worte gebahnt wird und notfalls mit ein bisschen Common Sense oder Kenntnis in Psychoanalyse und sonstiger Allgemeinbildung zurecht geformt wird.

11. Moses' Kundalini

In diesem letzten Kapitel will ich eine weiter zusammen-
fassende und nochmals vergleichende Darstellung der
verschiedenen Analysen der menschlichen Seele geben.
Die amerikanische Psychoanalytikerin D. F. Zeligs hat
eine interessante psychoanalytische Studie über Moses
erstellt.[100] Sie geht dabei vorwiegend freudianisch vor
und sieht als erstes das große Vaterproblem und den ödipalen Konflikt im Leben des hebräischen Religionsstif-
ters. Es ist das totale Trans, das sie so gegenüber dem
konservativ und traditionalistisch geprägten Moses Bild
erstellt. Allerdings geht sie nicht auf die Freud'sche These ein, dass Moses ermordet wurde und ihn die ihm
Nachfolgenden aus Schuldgefühlen zu einem Gott erhoben hätten. Zeligs diskutiert ausführlich das Problem,
dass Freud davon ausging, Moses sei Ägypter gewesen,
und der Bibelschreiber habe die Version mit dem Auffinden des hebräischen Kindes durch die Tochter des
Pharaos nur eingefügt, um ihn als Helden des hebräischen Stammes der Levi herauszustellen.

Ich gehe davon aus, dass der Gott der Ahnen schon vor
Moses existierte, und Moses als Hebräer geboren tatsächlich am Hof des ägyptischen Pharaos aufwuchs. Da
er einen Ägypter tötete, der einen Hebräer geschlagen

---

[100] Zeligs, D., F., Moses, A Psychodynamic Study, Human Sci-
ences Press (1986)

hatte, liegt es nahe, dass er sich dem Volk, dem er entstammte, zugehörig fühlte. Doch nun musste er nach Midian fliehen, wo in seinem Leben auch noch Jethro zum Zug kam, der midianitische Oberpriester und schamanistische Guru, zudem sein Schwiegervater.

An welchen Vatergott, Meisterlehrer, großes männlich-patristisches Vorbild sollte sich Moses also gehalten haben? Zeligs meint, er wäre den Vätern gegenüber äußerst ambivalent gewesen. Selbst wenn Moses wirklich ein Ägypter war, könnte in der Rivalität zum Pharao-Vater das hebräische Volk die Position der Mutterimago eingenommen, und somit von vornherein sein Ödipuskomplex darin bestanden haben, die Mutter auf seine Seite zu ziehen. Aber der Kampf um den wahren vorbildhaften Vater in ihm könnte genauso ausschlaggebend gewesen sein. Schließlich bekommt alles eine definitive Aussage durch das, was sich in der Szene vom brennenden Dornbusch ereignete, die etwas vom Charakter der Freud'schen Urszene an sich hat, der Intimität der Eltern, in die das Kind unbewusst hineingerät.

Der Busch – so Zeligs – ist weiblich-mütterliches Symbol. Moses ist weit hinaus in die Wildnis zum Horebgebirge gewandert – da wo man sonst nicht hinkommt, bei Freud also ins Schlafzimmer der Eltern. Denn als der Busch zu brennen anfängt, wollte Moses genauer hinsehen, warum er brennt und doch von den Flammen nicht verzehrt wird. Selbst der Gott in und über dem Dorn-

busch bemerkt, „dass er vom Wege abbog um nachzu-
sehen", und so rief Gott ihn zurück, er solle stehen bleiben. „Zieh deine Sandalen aus", ermahnt er ihn zudem,
und Moses reagiert wie der vom Vater bei seinem vo-
yeuristischen Tun ertappte Sohn, erstarrt auf das Eltern-
paar schaut. Bringt der Vater die Mutter um? Was tun
die da? Von grenzenloser Scham peinlichst berührt
„verbarg Moses sein Angesicht" heißt es weiter in diesem Kapitel (2 Mose 3, 1-22), das tatsächlich irgendwie
nach einer psychologischen Deutung ruft.

Ich will jedoch hier nicht nur psychoanalytische Deutungen favorisieren, denn ein Bezug zur Kundalini-
Thematik ist ebenso faszinierend. Plötzliches Feuer im
Busch könnte doch zutreffend eine Projektion der
Kundaliniflamme nach außen in den vor Hitze flirren-
den Busch darstellen, die hoch ins Übergehirn geht, wo
sich das yogische ‚Überbewusstsein' mit Offenbarun-
gen meldet, die gefährlich sind bzw. vor Gefahr war-
nen. Und natürlich verbrennt die Flamme nichts, denn
die Intimität der Eltern ist nur flammend heiß, und sie
hat den gleichen Charakter wie die Kundalini, bei der
die Wirbelsäule, die Shushumna, der energetische Ka-
nal nach oben, ja auch intakt bleibt. Wie für Gopi
Krishna ist das ganze Ereignis am brennenden Dornbusch für Moses das total lebensverändernde Geschehen. Es wird lange solch ein umfassendes Es *Strahlt*
bleiben, er wird sich davon vierzig Jahre nicht erholen.
Letztendlich wird es aber positiv ausgehen.

Bekanntlich hadert Moses mit seinem Gott, ob er die weiteren Folgen aus seiner visionären Erfahrung durchstehen kann. Doch Gott schickt ihm ein Testverfahren. Er fragt Moses, was er in der Hand hält (2 Moses4; 1-5) Moses sagt: „Einen Hirtenstab". „Wirf ihn auf den Boden", kommandiert der strenge Vatergott. Am Boden wird der Stab zu einer Schlange und Moses fürchtet sich und will fliehen. Auf den erneuten Befehl packt Moses die Schlange am Schwanz, und sie wird wieder zum Hirtenstab. Für einen Psychoanalytiker ein Kinderspiel die korrekte Deutung zu liefern. Der Stab symbolisiert das väterliche phallische Szepter, und das ist gefährlich wie die Kundalini-Schlange am Ende der Wirbelsäule. Es ist das Vater-Potenzsymbol par excellence.

Mit dieser Potenz, dieser quasi erotischen Kraft, will Moses gegenüber seinem mütterlichen Volk, der in ihm waltenden Mutterimago, reüssieren. Das gleiche gilt für das zweite Testverfahren. Moses soll seine Hand unter sein Gewand schieben, sagt die Stimme von oben her. Wieder herausgezogen war die Hand vom Aussatz „weiß wie Schnee" befallen. „Stecke deine Hand wieder in die Falte deines Gewandes", sagt Gott. Moses tat dies, zog sie wieder heraus und sie war wieder so rosig und gesund wie zuvor. Zeligs meint, das sei die typische Reaktion nach der zu aktiv geratenen Demonstration der phallischen Stab-Schlagen-Projektion, nämlich der angstvolle Rückzug ins Passive, die klassische psychische Regression zurück zur Mutterbrust, die weiß und rosig scheint, aber dem erwachsenen Mann untersagt ist, was so durch den Aussatz symbolisch vermittelt wird. In der Regression glaubt man nicht mehr so schuldig zu sein oder werden zu können, aber der primär narzisstische Held versichert sich so seiner Allmacht.

Manchmal beißen Kinder ja auch in die mütterliche Brust, wenn es nicht so funktioniert wie es sollte, und damit befasst sich das dritte Testverfahren, das Moses laut Anweisung Gottes anwenden soll, wenn er mit der Show der ersten beiden nicht genügend Erfolg haben sollte. Wenn Moses Wasser aus dem Nil schöpfen wird und es vor den Menschen aufs trockene Land ausgießt, wird es zu Blut werden, verkündet es das ,transhumane Bewusstsein' in seinem ,vollendeten Gehirn', wenn ich hier Gopi Krishnas Begriffe verwenden darf. Das Kind beißt in die Brust der Mutter, wenn diese nicht den magischen, omnipotenten Wünschen des Kindes gehorcht, so wie es später noch den Tisch schlagen wird, an dem es sich stößt. Das ist eine präödipale Situation, in der das Kind die Grenzen zwischen sich und der Mutter noch nicht kennt, und Libido und Aggression sich vermischen.

Jetzt ist Moses selbst zum Trans geworden, der fast wie in seinem eigenen Jenseits lebend den starken Macker spielt. Aber er braucht das, ich zweifle nicht daran, dass es historisch stimmig ist, dass er seine Leute (Verwandte, Freunde, Stammesgenossen, ein Großteil der im ägyptischen Exil Lebenden) in ein besseres Land führen wollte. Den Vergleich zu Gopi Krishnas Kundalini-Yoga habe ich schon angedeutet. Der indische Held war ein angesehener Mann und wollte noch weiter gehen als seine Kollegen und Bekannten, und meditierte daher schon frühzeitig. Wie Moses legte er von seiner Mission später Rechenschaft ab und gründete eine Bewegung.

Freud meinte, dass die Moses Religion ein Fortschritt in der Geistigkeit war, aber im Grunde genommen ist es nur eine Verlagerung vom *Strahlt* des ägyptischen Kosmotheismus und der frühen, in so eindrucksvollen Bildern geschilderten Erfahrungen, die Moses anfänglich machte, ins Es *Spricht* der Monotheisten, ins Wort-Wirkenden der Gesetzestafeln vom Berg im Sinai. Das Bild-Wirkende und das Wort-Wirkende halten sich die Waage, aber es gibt unterschiedliche Schwerpunkte. Wirkliche Fortschritte, weder in der Geistigkeit noch im Körperlichen, ist da nicht zu sehen. Religion, Psychoanalyse und Yoga lassen sich auf einen Nenner bringen, und von da ausgehend, kann man am ehesten noch einen Fortschritt machen, wenn man dieses *Strahlt / Spricht* in sich selbst verwirklicht. Nur die Authentizität lässt das Trans all dieser Größen verschwinden.

Denn es kann auch schief ausgehen, bestätigt Gopi Krishna mehrmals, vor allem wenn man sich damit aus egoistischen oder geltungssüchtigen Motiven beschäftigt, aber dies weiß man erst nachher. Ich könnte nun noch zahlreiche Beispiele aus der Bibel und Zeligs Buch erbringen, immer wieder sind die Analogien und Vergleiche zwischen den beiden Heroen eindrucksvoll. Nur noch kurz eine weitere Geschichte aus der Dornbuscherzählung. Gott, das yogische ‚Überbewusstsein‘, prophezeit Moses eine eigenartige Sache. Er sagt, beim Wegzug aus Ägypten werden die Hebräerinnen den Ägypterinnen Silber, Gold und Gewänder abnehmen, denn er schickt sie nicht mit leeren Händen fort (2 Mose 3,22).

Das klingt nun wirklich sonderbar. Die von Ägypten Flüchtenden nehmen den in Ägypten Herrschenden noch schnell ihre Schätze weg. Zeligs zitiert zahlreiche Kommentare von jüdisch theologischer Seite her, dass es sich um einen Ausgleich für die erlittenen Unterdrückungen handelt oder nur um eine symbolische Geste unter Frauen. Aber es ist klar, dass man den Vorgang auch psychoanalytisch und yogisch interpretieren kann. Moses unterdrückte und verdrängte Wünsche nach den Schätzen der Mutter kommen in ihm hoch und müssen eine Erklärung finden. Er muss den Mechanismus der Verschiebung im Unbewussten zur Anwendung bringen. Der Vater selbst muss ihm die Mutterbrust und noch mehr sonst Verbotenes anbieten, denn so kann er den Rivalen, nunmehr Pharao, besiegen.

Ähnlich ergeht es Gopi Krishna mit der Ambrosia, der Götternahrung, die im Gehirn die süßesten Halluzinationen Wirklichkeit werden lässt, und die er später seinen Schülern im Kundalini-Yoga vermitteln will. Auch er versucht die vorwiegend in Bildern, im Es *Strahlt*, im überhellen Bewusstsein gemachten Aspekte in der Form eines Narratives, einer Deklamation, eines Es *Spricht* weiterzugeben, aber er benutzt nur eine Märchensprache. Moses' Schlag mit dem Stab (Zeligs: phallisches Zepter) an den Felsen, aus dessen Spalte (Zeligs: mütterliche Vulva) dann das Wasser fließt, und viele andere Situationen sind ebenso Bilder des Es *Strahlt*, das die Religion mit weiteren ebenso märchenhaften Bildern umrankt hat, denn die zwei Gesetzestafeln vom Sinai sind ein zu mageres *Spricht*. Niemals hätte es den Menschen genügt, allein davon einen Glauben zu etablieren.

Aber heute genügt das Es *Strahlt* und das mythische *Spricht* des Alten Testaments nicht mehr. Zeligs offenes Buch Freud'scher Interpretationen in der Moses Geschichte bringt erst das wahre Bild-Wort-Wirkende, das Es *Strahlt/Spricht,* das in der ganzen Erzählung steckt, zu Tage. Doch ihre so interessante Arbeit bleibt akademisch. Es genügt heutzutage nicht, dass die herkömmliche Psychoanalyse das Bild-, Imaginär-Wirkende verbessert gegenüber dem Wort-Wirkenden, den verbalen Signifikanten, heraushebt. Beide sind autonom und müssen so nebeneinander und ineinander verkettet betrachtet, aber auch betont praktisch vermittelt werden.

Dies wird noch deutlicher, wenn man Moses und Gopi Krishna mittels des von Freud so genannten Über-Ichs einem exakten Vergleich unterzieht. Das Es *Strahlt*, die ‚Vision‘ im Dornbusch und vor allem Gopi Krishnas Kundalini passt gut zu dem, was die Psychoanalytiker ein weibliches Überich nennen. Diese innere psychische Instanz ist mehr bildhaft, ikonisch, weniger kontrolliert, und somit flexibler, vielschichtiger und imaginärer aufgebaut. Moses‘ Gottesfigur mit dessen zwar ebenfalls ikonischem Antlitz hat jedoch vermittels seiner befehlsartigen, markanten Sprüche und strengen Diktums viel mehr den Charakter des väterlichen Über-Ichs, das oft sogar nur aus einer Stimme besteht, die betont ist und alles wiederholend deklamiert. Die indische Göttin Durga oder Kali als typische Vertreter des weiblichen Über-Ichs, das vom verführerischsten Sexuellen bis zum grausamsten Aggressiven reicht, habe ich schon erwähnt, und so steht ihr der monotheistische Geist in seinen Parolen, Gesetzen und aggressiven Verfluchungen, die wie aus dem Off kommen, gegenüber.

Schon in Sodom und Gomorra ließ Gott Schwefel und Feuer – der Kundalini gleich – vom Himmel regnen. Oft spricht er davon, dass die Feinde oder fremde Völker vernichtet werden müssen. Dafür hat er definitive Regeln und Lebensanweisungen im Gepäck. Er ist der Richtliniengeber, der Einpauker, damit man nicht den größten Blödheiten zum Opfer fällt, wie etwa um das goldene Kalb zu tanzen (heute: die Finanzindustrie). So wird ersichtlich, dass Gopi Krishna (genauso wie D. Schreber) zu sehr dem weiblichen Über-Ich erlegen ist, das ihn mit orgiastischen Glücksgefühlen, Glitzerparties und Lustträumen versorgt. Aber das väterliche Trans dazu hätte ihm auch nicht geholfen. Davon hatte er ja schon einiges durch sein staatliches Beamtendasein in sich verortet (auch hier eine gute Parallele zu Schreber).

Was er gebraucht hätte, wären die Logik des Unbewussten, die logische Selbststruktur, also ein paar gute *Formel-Worte* gewesen. Sie hätten ihm die notwendigen *Pass-Worte* besorgt, die ihn besser geleitet hätten als die seltsamen Eingebungen, die ihm später zukamen oder die Erklärungen, die er sich aus dem traditionellen Yoga- und Theosophie-Jargon zusammengezimmert hat. Und Moses hätte besser sein weibliches Über-Ich kennen sollen, das in Form der – wie Zeligs sich ausdrückt – „Mutter-Schwester" Miriam weit vor Aaron in Moses' nächster Nähe stand. Typisch dafür auch die Eifersucht Miriams gegenüber Zippora, der Frau von Moses, die offensichtlich erst einige Zeit vor der Eifersuchtsszene (Numeri 11; 12) zur Gruppe der Exilanten aus Ägypten gestoßen war.

Zeligs bemerkt auch die heftige Liebe zwischen Moses und Miriam, ohne die dahintersteckende Inzestproblematik zu deuten. Der von Freud so bezeichnete ‚Inzestwunsch' im Unbewussten ist in Wirklichkeit kein Wunsch, sondern ein unbewusstes Begehren nach der Verschmelzung mit dem sogenannten psychischen ‚Primärobjekt', der frühen ‚Mutter-Imago', ihrer Brust, ihrer Ausstrahlung, ihrem *Strahlt,* ihres Virtuell-Realen.

Für das weibliche Über-Ich ist Inzest daher gar nicht das richtige Wort. Im weiblichen Über-Ich gibt es gar nicht so strikte Tabus, und so befand sich Moses in großer Spannung zwischen dem väterlichen Über-Ich in Form seines Gottes und dem weiblichen Über-Ich in Form matrilinearer Freiheiten und verführerischer Suggestionen.

Kurz vorher nämlich, in Kibroth-Hattaawa (Numeri 11; 11), führte Moses sich auf wie eine Übermutter, wie eine Priesterin im Matriarchat. Die Leute im Lager murrten und verlangten nach der Befriedigung lukullischer Lüste. „Fleisch und Fische, Gurken, Wassermelonen, Lauch, Zwiebeln und Knoblauch hätten sie in Ägypten umsonst zu essen bekommen"! riefen sie. Schließlich ließ Gott – und das heißt wiederum Moses' Alter-Ego, seine Gaumenfreude, seine Mutter-Kind Verschmelzungslust, Unmengen von Wachteln vom Meer heranfliegen und auf das Lager herunterfallen, die „zwei Ellen hoch" das Lager und die weitere Umgebung bedeckten, so dass die Menschen gleich zwei Tage und eine Nacht damit beschäftigt waren, sie aufzuklauben.

Hier muss die Kundalini in Moses hochgeschossen sein und sich in pantagruelischen Speisen im Übergehirn verteilt und ausgelebt haben. Ich bin überzeugt, dass man die beiden Heroen des Überirdischen, Gopi Krishna und Moses durchaus in dieser Art vergleichen kann. Denn vom menschlichen Unbewussten her gesehen passen die Begriffe einer Überweiblichkeit und

Überväterlichkeit korrekt in die ihrer Lebensbeschrei-
bungen. Deswegen fällt den beiden kein Stein aus ihrer
Krone, sie bleiben geistige Helden. Und ihnen eine
freudianische Sicht überzustülpen ist auch nur im begrenzten Maße meine Absicht. Denn was hat man davon, sie als Kämpfer ihrer immer noch nicht ganz gelös-
ten, weil unbewusst gebliebenen Gelüsten darzustellen?

Auch gegen Ende der Moses Geschichte (Numeri
13,29- 15,41), als das Volk kurz vor dem Ziel wieder
murrt und gegen den Rat von Moses nach Kanaan auf-
brechen will, brechen diese Formen des Über-Ichs wieder betont hervor. Strafen werden angedroht, aber auch
die Versprechungen, dass man gesichert in das Land,
wo Milch und Honig fließt, gelangen wird, werden be-
teuert. Die vorausgesandten Spione, die sich bei der
Rückkehr aus diesem Land angesichts gefährlicher, dort
lebender Gegner als angstvolle Heuschrecken bezeichnen, deutet Zelig als Geschwisterkonflikte, da in
Träumen Insekten oft Geschwister bedeuten, und Moses
sich stets mit Aaron und Miriam auseinandersetzen
muss.

„Die Episode der Spione stellt in dramatischer Form die
Phase psychischer Entwicklung dar". Deren Angst vor
einer Invasion ins versprochene Land interpretiert Zelig als Regression in die präödipale Kindheit, wo es die
nährende aber auch destruktive Mutterfigur gibt. „Die
Sinai Erfahrung in ihrer symbolischen Struktur ist eine
Vereinbarung mit dem Vater und dem Bemühen, die

Furcht vor dem ödipalen Dilemma durch das Verspre-
chen zum Gehorsam zu überwinden".[101] Am Ende siegt
das väterliche Über-Ich, indem es Moses nicht ins ge-
lobte Land kundalinischer Freuden gelangen lässt. Er
darf diese glänzende Muttergöttin vom Berg Nebo aus
noch sehen, muss aber dort sterben.

Die psychoanalytischen Betrachtungen Zeligs mögen
religionswissenschaftlich wichtig sein, für die Betrachtung hier haben sie aber nur Sinn, wenn sie in einer the-
rapeutischen Praxis auch hilfreich sind. Freud meinte
zwar das Gegenteil, die Psychoanalyse sei wegen ihrer
Wahrheitsfindung viel interessanter und bedeutender als
wegen ihrer Behandlungsmethodik. Doch selbst wenn
man es so sehen kann, auch bezüglich der Wahrheit im
Leben von Moses und Gopi Krishna lässt sich nur be-
dingt etwas lernen. Man kann ihre Wege nicht akribisch
und nüchtern epigonisch nachahmen, man muss sie neu
erfinden. Und diese kritische Sichtweise gilt noch viel
mehr für all die mythischen, magischen, esoterischen,
mystischen, selbstgemachten, geistheilerischen und
sonst insignifikanten Vorgehensweisen in Ost und
West.

Ebenso gilt eine derartige skeptische Betrachtung für
die herkömmliche, inzwischen schulmeisterische, scho-
lastische, schon klassisch zu nennende Psychoanalyse,

---

[101] Zeligs, D, F., Moses, A Psychodynamic Study, Human Sci-
ences Press (1986) S. 248

deren Vertreter in ihren hunderten von Zeitschriften und schon bald tausenden von Büchern und Kongressen immer nur sich selbst beliefern. Für den Laien, selbst wenn er recht interessiert ist, findet sich kaum etwas Lesbares. Nötig ist eine nur um weniges veränderte Theorie und Praxis, wie ich glaube, sie in der *Analytischen Psychokatharsis* veröffentlicht zu haben. Denn obwohl Gopi Krishnas Kundalini, Moses brennender Dornbusch, Freuds Libido und Lacans ‚phallus symbolique‘, alle so etwa das Gleiche meinen, ist immer noch nicht klar, um was es eigentlich geht. Es ist der Versuch Trans und Cis in einer in sich eigenen Geschlossenheit zusammenzubringen, doch dies kann nur jeder Einzelne für sich und in sich, und dafür benötigt er den Steigbügel der *Analytischen Psychokatharsis* oder einer vergleichbaren Methode.

Wenn Moses mit seinem Gott, seinem Über-Ich, oder seinem ‚guten psychischen Objekt‘ oder wie immer man diese Innen und Außen verbindende Instanz nennen will, sprach, erschien ihm dieser in Form einer Wolke. Eine Wolke ist ein gutes Bild für den seelischen Apparat wie ihn die Psychoanalyse als zusammengesetzt aus ‚psychischen Objekten‘ versteht, und indem diese Wolke auch sprechen kann, steckt in ihr und mit ihr nur ungenau verbunden, das Über-Ich. Auch Freuds Ich-Ideal ist eine sprechende Instanz, aber um nicht verwirrend zu werden, genügt es wieder, von dem Bild-Wirkenden (Wolke, psychisches Objekt) und dem

Wort-Wirkenden (Stimme des Herrn, besser: Stimme von Niemand) auszugehen, und zu sehen, wie die beiden verbunden und praktisch verwertbar sind.

Die Verbindung, der Zusammenhang der beiden war immer schon das Zentralproblem der Menschen, wenn sie Geist und Materie, Imaginäres und Sprachliches, Cis und Trans nicht nur als isolierte Gegebenheiten, sondern als bedeutende Kombination verstehen wollten. Ich denke wieder an die Physiker bzw. speziell an einen von ihnen, einen gewissen M. König, der die Kombination von sprachlichem Geist und den materiellen Elektronen durch sogenannte „gebündelten Essenzelektronen" vermitteln wollte. Diese sind schon ein wenig aus der Physis zur Psyche (Bewusstseinseinheiten, Plasma) hin verwandelt, so dass König meint, ein Urwort aus dem Inneren heraus erfassen zu können. All das ist anschaulich, aber wissenschaftlich unhaltbar.[102]

Nun bietet die klassische Physik selbst hier ja überhaupt kein Modell an. String-, Supersymmetrie- und andere Theoretiker versuchen jeweils einen eigenen Weg, von denen keiner die Einseitigkeitsproblematik trotz des ‚Zirpens der Neutronensterne' auch nur annähernd sieht. Cis und Trans bleiben getrennt. Wie vorgebracht habe ich in der *Analytischen Psychokatharsis* eine For-

---

[102] König, M., Das Urwort, Scorpio Verlag (2010), worin der Autor schreibt, dass man sich zu Erhellung unter einen ‚Goldtorus' – also einen Reifen aus Gold – setzen muss.

mel oder einen Schlüssel entwickelt, in dem diese Trennung aufgehoben ist. Die Signifikantenketten Lacans stellen nur eine gut abstrahierte theoretische und annähernd mathematische Erklärung dar.[103] So knapp, konkret, mathematisch kann man sich mit Hilfe des Imaginären der Plus- und Minus-Zeichen nunmehr das Symbolische, Sprachliche vorstellen, bzw. so kombinieren sich die beiden am unmittelbarsten. Dieses Modell übernehmend kann man es für die Praxis mittels der *Formel-Worte* und der diesen korrelierenden *Pass-Worten* ausdrücken.

Drei oder mehr Bedeutungen überlappen, überschneiden sich bei den *Formel-Worten* in einem einzigen Schriftzug. Genauso wie ohne Bedeutung vermittelt eine derartige Formulierung mit zu vielen Bedeutungen (Überdeterminierung) eine Sprache an der Grenze des Sprachlichen oder etwas Symbolisches fast nur noch in Bildform (Überlappungen). Ja die Überdeterminierung zeigt noch viel besser die sich überschneidenden Signifikantenketten, wie sie speziell im Unbewussten des Menschen vorkommen. Meditiert man, also wiederholt

---

[103] Lacan hatte diesen Automatismus, diese ‚Lautrhythmik' mit dem Pluszeichen (+) für sprachliche Anwesenheit und dem Minuszeichen (-) für Abwesenheit markiert, und dann aus alternierenden Gruppenverteilungen (+++ oder ---, +-+ oder -+-, sodann ++- , --+, -++, +--) weiter Ketten formiert, so dass eine dem Symbolischen entsprechende Systematik entstand.

man rein gedanklich, nun solch eine Formulierung, wird das Unbewusste durch den gleichen strukturellen Effekt zur Herausgabe einer ihm eigenen Formulierung, den *Pass-Worten*, gezwungen.

Das ist das Ganze der *Analytischen Psychokatharsis*, es ist ein TranCis, eine Wolke mit Bedeutungslauten wie bei Moses.

Doch es handelt sich um die eigene, meist eben unbewusste seelische Wolke, und auch die Bedeutungslaute kommen daher, also vorwiegend aus dem Unbewussten, von einem selbst, dem TranCis. Hier oben nochmals das Beispiel des im Kreis geschriebenen *Formel-Wortes* E-N-S-C-I-S-N-O-M. Auch in dieser B(r)uchstaben- Kombination überlappen sich also die Bedeutungen.[104] Aber im Uhrzeigersinn gelesen wird klar, was durch die Brüche zwischen den Buchstaben gemeint ist. Sie sollen die so wichtige Leerstelle, den toten Signifikanten erzeugen. Der Sinn dieser Formulierung besteht gerade darin, dass sie keinen vordergründigen Sinn schon parat hat, sondern überdeterminiert ist und nur das Unbewusste anregt, ja provoziert, torpediert, einen Sinn heraus zu geben. Das *Formel-Wort* ist Sprache am Rande des Sprachlichen. Bei ihm ist exakt genauso wie im Unbewussten

---

[104] Oudée Dünkelsbühler, U., Zeugnis & Schrift: B(r)uchstaben an der Couch, Les Etats Généraux de la Psychanalyse (2001), wo der Autor zeigt, wie die Buchstaben im Traum oder in den Freud'schen Versprechern gebrochen sind.

das Wort in seine B(r)uchstaben zerteilt, „wobei jeder Teil, sobald er aufgeschlüsselt wird, eine neue Bedeutung annimmt."[105]

Semantisch, linguistisch, ist die paradoxe, sich überlappende Formulierung des E.N.S.C.I.S.N.O.M oder S.C.I.S.N.O.M.E.N (egal von wo man anfängt es zu lesen) allerdings neuartig. Jeder einzelne Ausdruck ist semantisch klar, aber da sie in einer Formulierung geschrieben sind, bleibt der letzte Sinn verborgen. Sie stellen zwar perfekt diese linguistische Struktur dar, die durch ihre Überlappungen Lüge, Versprecher und Zerredung ausschließen und doch Sprache sind. Sprache am Rande von Sprache wie der chinesische Philosoph Tschuang Tse es formuliert hat, als er meinte: „Ach, würde ich doch einen Menschen kennen, der die Sprache vergessen hat, ich hätte endlich jemand, mit dem ich wirklich reden könnte." Eben durch die Überlappung wird die unbewusste Sprache gerade kompakt, konkret und fast bis zur Unkenntlichkeit von Sprache hin vereinfacht.

Wie in der Psychoanalyse muss der Sinn erst entschlüsselt werden, jedoch nicht durch einen Therapeuten, sondern durch den Probanden mit Hilfe seines Unbewussten und des meditativen Verfahrens selbst. Übt man rein gedanklich den Kreis der Buchstaben im *Formel-Wort* mehrmals hintereinander oder übt man mehrere derarti-

---

[105] Lacan, J., Struktur. Andersheit. Subjektkonstitution (2015)

ger *Formel-Worte* hintereinander (was zweckmäßiger ist), wird sich ein meditativer Effekt in Form einer Katharsis einstellen; es wird aber auch zu einer verbal formulierten Antwort, linguistischen Entsprechung, aus dem Unbewussten kommen.

Das Definitive muss also das Unbewusste selbst sagen. D. h., Es (das Subjekt, das Unbewusste) muss den Anfang machen, indem Es die Buchstaben schon vorgekaut hat, die man dann selbst nur noch essen muss, wie es in der Offenbarung des Johannes heißt, jetzt jedoch positiv zu verstehen: „Es wird im Mund süß wie Honig werden".[106] Daher habe ich vorgeschlagen, an Hand der *Formel-Worte* wie dem ENS – CIS – NOM schon eine Meditation auszuüben, die das Unbewusste zwingt, selbst sprechend (nunmehr „honigsüß") den Anfang zu machen, das Ganze also nicht nur geschluckt zu haben, sondern es auch als neues, verändertes, wahres Sprechen wieder herauszugeben.

---

[106] Offenbarung 10, 9, wo zuerst davon gesprochen wird, dass man die Buchstaben essen muss, bis sie den Bauch bitter machen, bevor sie schließlich süß wie Honig werden.

Anhang

Das Verfahren der *Analytischen Psychokatharsis* ist von seiner praktischen Seite her – wie schon zum Teil beschrieben – sehr einfach. Trotzdem noch eine kurze Zusammenfassung und weitere *Formel-Worte*. Man sitzt in bequemer Haltung und wiederholt rein gedanklich langsam hintereinander ein, zwei oder bis zu fünf *Formel-Worte*,[107] während man gleichzeitig darauf achtet, ob etwas auftaucht, das den Charakter eines ‚Es *Strahlt*' hat. Bei dem „*Strahlt*" kann es sich um eine Erhellung, Körperbildwahrnehmung, ein Schimmern, einen ‚Lichtpunkt' oder eine grundlegende Luzidität handeln, dem eben solch ein Phänomen zukommt. Das *Strahlt* ist also nicht etwas, das man selbst imaginieren, erzeugen oder gar erzwingen muss. Es ist in jedem Menschen als Primärform eines Kräftegeschehens (Triebkraft) vorhanden und muss so nur geweckt oder erwartet werden. Genauso kann aber auch ein Durchschauern, ‚Durchrieseln' zu spüren sein[108] oder die Empfindung auftauchen, wie sich

---

[107] Weitere *Formel-Worte* sind in anderen Veröffentlichungen oder auch auf der hinten angegebenen Webseite zu finden. Vorerst genügen die hier erwähnten. Mehr als fünf sollte man nicht benötigen.

[108] Damit ist eine Erfahrung gemeint, die etwas mit atavistischen Gefühlsreaktionen zu tun hat. Die Frühmenschen haben noch viel mit ihrer unbedeckten Haut gefühlt, ertastet und umweltbezogen kommuniziert. Auch bei bewegenden Musikstücken, wenn man von einem den Rücken herunterrie-

das eigene Körperbild verschiebt, sich weitet oder es einfach nur als schwarze Farbe, als Fleck vor den geschlossenen Augen festzustellen ist. Denn schwarz ist schon eine Wahrnehmung, die sich von der Dunkelheit im Kopf ganz gering abheben kann. Egal was auch immer ‚gesehen' oder erfahren wird, es wird den Charakter von einem auch nur ganz geringen ‚Es *Strahlt*' haben, und das genügt.

Dadurch tritt eine Entspannung ein, eine Katharsis (Reinigung), ein Befreiungserleben, das besonders dadurch gesteigert werden kann, wenn gleichzeitig die besagten *Formel-Worte* rein mental geübt werden. Ich habe in eigenen Erfahrungen manchmal mehr als nur ein neurales *Strahlt* gesehen, z. B. eine gelb-rötlich leuchtende wunderbare Blüte, bei der ich sofort an Gopi Krishna gedacht und meine Konzentration darauf abgebrochen habe. Sein Lotosblütenerlebnis wollte ich nicht haben. Auch Bildhaftes anderer Art nahm ich wahr, verblieb aber nicht darin, indem ich mich verstärkt auf den Wortlaut der *Formel-Worte* konzentrierte oder gleich zur zweiten Übung wechselte, in der jedes zu sehr bildwirkend Strahlendes verschwindet.

Was ich gerade eine grundlegende Luzidität, eine Erhellung genannt habe, die sich in Richtung auf ein inner-

---

selnden Schauer erfasst wird, greifen wir auf diese eben besonders tief gehenden Emotionen zurück. In der *Analytischen Psychokatharsis* wird diese Erfahrung jedoch als Bestätigung einer Erkenntnis genutzt z. B. bei den *Pass-Worten*.

lich-körperhaftes ‚Durchrieseln' verlagern kann, ist das entscheidende Wesen der Katharsis, weil dadurch die Seele sehr körpernah ‚gereinigt' wird. Die Katharsis wird nicht nur als Folge des Erlebnisses von Furcht und Mitleid in der antiken griechischen Tragödie beschrieben, sondern auch in den vielen mythisch, magisch, mystischen Praktiken, die ich erörtert habe, als erlösend, kenntnissteigernd und therapeutisch. Meiner Erfahrung nach kommt das ‚Durchrieseln' dadurch zustande, dass die verschiedenen von F. Dolto beschriebenen Körperbilder zum einheitlichen Körperbild verschmelzen.

Ich habe es oft so erlebt, als stünde man ganz, ganz leicht unter Strom wie bei einer Chill-Out- Erfahrung, die etwas mit der Lacanschen ‚jouissance' zu tun hat, von der er schreibt, sie komme auch in jeder Form des Lebens vor. Letztlich fragte er sich, ob das Genießen nicht ein Merkmal des Lebendigen schlechthin ist, das heißt, ob auch Pflanzen genießen.[109] Lacan bejaht dies ganz vehement und sagt an anderer Stelle, dass auch die Bäume, die Amöben und die Bakterien genießen.[110] Man darf sich davon jedoch nicht dazu verleiten lassen, man sei so mit allem identisch und könne von dieser Identität aus auch wirken. Man muss die Zusammenhänge auch wissenschaftlich verstanden haben.

---

[109] Lacan, J., Lettres de L'École freudienne, Nr. 16 (1975) S. 192

[110] Lacan, J., Seminar XXI, Vortrag vom 23. 4. 1974.

Links unten ist nochmals ein weiteres *Formel-Wort* dargestellt. Auch dieses (RA-DIC-IT) ist kein normales
Wort aus dem Lateinischen, aber es beinhaltet mehrere
sich überschneidende Bedeutungen in einer Formulierung, es ist ‚linguistisch kristallin' aufgebaut, wie es
Lacan vom Unbewussten sagte. Außer dem radiat und
dicit (*Strahlt* und *Spricht*) ergeben sich im Kreis geschrieben und von verschiedenen Buchstaben aus gelesen mehrere disparate Bedeutungen. So kann man hier z.
B. auch „adi cit r" (geh heran, es bewegt R) „C i tradi"
(hundert I übergeben), „citra di" (diesseits die Götter),
„dicit ra" (es sagt ra), „r adic it" (füge r hinzu, es geht),
„radi cit" (gekratzt werden, es bewegt sich), „trad ici"
(erzähle, ich habe getroffen) etc. herauslesen, wobei vieles recht unsinnig klingt. Dies hat jedoch für den formalen Ausdruck keinerlei Bedeutung.
Ausschlaggebend ist nur, die wissenschaftliche Begründung (mehrere
Bedeutungen in einer Formulierung,
Verwendung nur anderer Schnittstellen) klar darlegen zu können, und

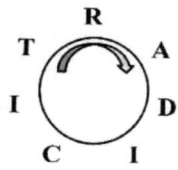

dies ist für das Verfahren sehr wichtig, weil man nur so
volles Vertrauen in die Methode haben kann.

Nach dem R-A-D-I-C-I-T kann nun auch das *Formel-*
Wort O-R-S-A-C-E-R-A-M hinzugenommen werden,
denn sollte jemand wirklich Interesse haben, die analy-
tisch-psychokathartische Methode zu erlernen, sind wenigstens drei dieser Formulierungen notwendig. Zwei

oder gar nur eines würden einen zu schnell ermüden. In dem – einmal anders geschriebenen *Formel-Wort* C-E-R-A-M-O-R-S-A (Abbildung vorige Seite) – stecken je nach Ausgangsbuchstaben folgende Bedeutungen: C eram orsa (hundertfach war ich Beginnen, amo R sacer (ich liebe das heilige R), cera morsa (das zerstückelte Wachs), mors acer (der Tod ist bitter), amor sacer (die Liebe ist heilig) usw. Wie betont, kann man diese Bedeutungen gleich wieder vergessen. Sie sind zu disparat, also auf keinen Nenner zu bringen. Denn übt man sie in dem einheitlichen Schriftzug, wird man niemals den bitteren Tod mit dem zerstückelten Wachs und dem hundertfachen Beginnen in einem Sinngehalt zusammenbringen. Wichtig ist nur zu verstehen, wie die *Formel-Worte* aufgebaut sind, so dass man wissenschaftlich-intellektuell das Verfahren jeder Zeit hinterfragen kann. Kommen irgendwelche Gefühle oder Ideen hoch, die unpassend sind oder Angst machen, kann man nachdenken oder sich weiter über das Verfahren belesen. Blinder Glaube ist nicht gefragt.

Bei der zweiten Übung wird nunmehr auf genau dieses *Spricht*, den Laut, das Echo des Körpers, also auf ein von oben / rechts im Kopf herkommendes Verlauten, auf einen Ton, Laut, aus dem tiefen Inneren geachtet.[111] Es sind schließlich Buchstaben, die aus diesem ,typographi-

---

[111] Der Ton, der wie von Lacan zitiert, den Primat des Sprechens beweist, ist seiner Auffassung nach auch wie ein Echo aus den im Körper (im Gehirn, im Unbewussten) gespeicherten Lauten zu verstehen.

schen' Raum herausklingen und die das Unbewusste dort gespeichert hält. Und genau in diesen Raum sind die *Formel-Worte* eingedrungen und haben die Buchstaben in ihrer B(r)uchstabenhaftigkeit geweckt und evoziert. Auch hier wieder gilt das Gleiche: es handelt sich um einen ganz originären Aspekt des Entäußerungs- bzw. Sprechtriebes, der in jedem Menschen als Primärprozess vorhanden ist und im Unbewussten sogar die Form ganz knapper, kompakter „innerer Sätze", „ultrareduzierter Phrasen" annimmt (alles Begriffe Lacans für diese lautliche Erfahrung).

Auch hier können anfänglich nur ein feines Rauschen, ein ferner Laut oder Ähnliches wahrgenommen werden, der Übende wird jedoch von Anfang an bemerken, dass es sich hier um eine Konzentration auf ein mehr oben-rechts oder oben-zentral im Kopf befindliches Hör-Sprechsystem handelt, zu dem die Echos des Körpers Beziehung haben, auf die hier zurückgegriffen wird. Auch wenn das eigentliche Hör-Sprechsystem im Kopf linksseitig angelegt ist, ist eben rechtsseitig das mehr rudimentäre, musikalische und der Regression besser zugängliche Hör-Sprechsystem vorhanden, und seine Echostruktur deutlich zu sehen. Dazu passen dann eher die kurzen Phrasen der *Pass-Worte*, während bei den längeren das linksseitige System (psychoanalytisch: das Vorbewusste) eine Rolle spielt.

Dazu nochmals ein letztes Beispiel aus der Erfahrung eines meiner Adepten der *Analytischen Psychokathar-*

sis", das ich zwar in einem anderen Buch bereits veröffentlicht habe, und das lautete: „Das ist es nicht"! Im ersten Moment war dem Übenden nicht ganz klar, was das heißen soll, doch kam er später mit der Ahnung zu mir, dass es mit dem Verfahren selbst zu tun haben könnte. Ich bestätigte ihm das, denn solch ein Ausdruck erinnert sehr stark an den typischen psychoanalytischen ‚Widerstand', also an die Abneigung gegen das Vorgehen alles frei sagen zu müssen und gegen die Aufdeckung von zu viel verdrängter Wahrheit. „Das", meine Methode, „ist nicht das, was es sein sollte", was er sich vorgestellt hatte. „Das ist es nicht".

Diese Interpretation leuchtete ihm ein, denn nun konnte ich ihm ja erklären, dass es doch genau das war, was die *Analytische Psychokatharsis* beinhaltet, nämlich dass es überhaupt so etwas geben kann wie ein *Pass-Wort* aus dem eigenen Inneren, dass ‚Es' tatsächlich in einem in dieser Weise *Spricht*. Zudem konnte ich hier auf den/das *Andere(n)*, also auf Lacans ‚*L'Autre*' verweisen, den er den Hort der *Signifikanten*, der Sprecheinheiten, nennt. Es sind diese „wichtigen Mitmenschen", von denen der Psychoanalytiker O. Kernberg sprach, die in einem als Ich-Ideal, Über-Ich aber auch als ein „tief empathisch verstehendes Ich" verinnerlicht sind und sich zum *Anderen* vereinheitlicht haben. Zudem ist die unbewusste Wahrheit ja eben gerade nicht die übliche, allgemein kommunizierte und bewusst, bekannte Wahrheit, sondern die mit der Umkehrung, die mit der Leerstelle, die frigide Partnerin, wie ich sie oben erwähnt habe.

Doch das mit modernen Methoden – wie etwa mit dem Ariadnefaden des R-A-D-I-C-I-T – geweckte Unbewusste filtert allzu spekulative und enigmatische Aussagen aus. Zudem gehört vielleicht ein wenig psychoanalytisches Wissen dazu, um solch ein Identitäts- bzw. *Pass-Wort* in den druckreifen Text zu übersetzen, was bei dem Spruch mit „Das ist es nicht" allerdings nicht allzu schwer war, denn es ging wohl um das Widerstrebende im Probanden selbst. Auch wenn jemand, wie Freud hinsichtlich einer Deutung zur konfliktbezogenen Mutter-Imago berichtete, mit empörter, affektgeladener und lauter Stimme betont: „Nein, die Mutter ist es keinesfalls"! handelt es sich höchstwahrscheinlich exakt um die Mutter. Eine zu heftige Abwehr ist in der Umkehrung die Bestätigung.

Und so ist das ablehnende „Das ist es nicht" also nichts Aberwitziges. So verblüffend eine solche gedankliche Äußerung aus dem Unbewussten auch war, sie war doch für den Probanden beeindruckend und auch zutreffend. Paradoxer, trotziger, aber auch origineller hätte ihm dies kein Therapeut vermitteln können. Nichts ist so wirksam wie das aus dem eigenen Inneren kommende *Pass-* oder Identitäts-*Wort*, das er sich – über einen unbewussten Umweg – ja selber gegeben hatte. Übertragung und Auflösung der Übertragung stehen hier ganz eng beieinander oder passieren im fast gleichen Moment. Wer irgend sonst ihm geraten hätte, er solle das Verfahren doch weitermachen, hätte ein ‚ja danke' aber nicht mehr bei ihm bewirkt. Doch die fast paradoxe Formulierung bezüglich des Umkehrsatzes weckte das Interesse viel ausgiebiger, und so übte er mit der Methode der *Analytischen Psychokatharsis* auch weiterhin.

In der ersten Übung existiert nur ein Schein, ein Es *Strahlt*, ein ‚Durchrieseln' (vielleicht nicht ein Erschauern wie Moses es wohl bei der Erscheinung beim brennenden Dornbusch erlebt hat, aber ein ‚Durchschauern' im Körperbild, in dessen zusammengeschlossener Mehrschichtigkeit). Ich habe es schon als Ausdruck des weiblichen Über-Ichs beschrieben. Das verneinend Paradoxe – sage ich jetzt nachträglich – hat meinen Probanden zu dieser Erkenntnis und Einsicht geholfen, daran hätte er als Vertreter der alltäglichen Meinung, dass die Psychoanalyse oder die *Analytische Psychokatharsis* ziemlicher Humbug ist, nicht gedacht. Er ist selbst zum TranCis geworden und hat den Humbug beendet.

In diesem Ausdruck, im *Pass-Wort*, besteht das Wesentliche des analytischen Teils des Verfahrens, denn man muss das *Pass-Wort* manchmal zusätzlich deuten. Die erste Übung bezieht sich dagegen mehr auf das Meditative. Einige Anwender der *Analytischen Psychokatharsis* begnügen sich mit diesem ersten Teil der Methode. Sie wollen die Katharsis in einer gesicherten und wissenschaftlich begründeten Weise erfahren, mehr nicht. Jeder kann es handhaben, wie er will. Um neurotische Konflikte zu beseitigen, muss man allerdings auch die zweite Übung dazu nehmen, die auf der ersten aufbaut, aber im Ton- und Gedankenhören besteht.

Wenn man sich über Psychoanalyse etwas beliest und auch sonst Kontakt zu literarischer und wissenschaftlicher und sonstiger Kultur hält, und auch den vorliegenden Text gelesen hat, einen Versuch mit den Übungen gemacht hat, kurz: ein bisschen Bildungsbürger ist, wird man die oft sofort einsehbaren *Pass-Worte* richtig deuten. So schreibt Freud, dass man sogar manche Träume, die ja nun viel entstellter sind als die *Pass-Worte*, und die in solch einem Fall auch unmittelbar vom Symbolisch-Realen herkommen, direkt vom „Blatt weg ablesen" könnte. Man braucht nicht mehr den Träumer nach Einfällen dazu zu befragen und umständliche Interpretationen anzubringen.

Und noch ein letzter Hinweis, nach dem oft gefragt wird. Bemerkt man bei der Anwendung der *Analytischen Psychokatharsis*, dass der *Strahlt*-Anteil beim Üben zu stark ausfällt, wechselt man zur *Spricht*-Übung und umgekehrt. Ansonsten sind beide Übungen jeweils nur für etwa zwanzig Minuten durchzuführen. Der Wechsel von praktischer Erfahrung und theoretischem Denken ist wichtig, weil am Ende etwas Gemeinsames herauskommen wird: eine gedankliche Selbsterfahrung, eine praktische Logik, eine kathartische Analyse. Letztendlich finden beide Übungen zu einem inneren ‚Auftrag', einer Gewissheit von dem, was die Formel des Subjekts bedeutet, zusammen und so auch zur Möglichkeit am Verfahren mitwirken zu können.

Andererseits habe ich bereits beschrieben, dass man manchmal nicht nur in Gedanken vom meditativen Vorgang abweicht. Manchmal weicht man sogar zwischen den einzelnen *Formel-Worten* zu Bildern, Erinnerungen, zu einem Gemisch von beiden und zu *Pass-Worten* ab, und kehrt doch wieder zum *Formel-Wort*-Reverberieren zurück. Der Fortgeschrittene wird dies durchaus als bereichernd erfahren, denn er lässt sich nicht in eine einseitige *Strahlt-* oder *Spricht*-Richtung verführen, sondern bleibt beim Fortschreiten in der engen Kombination der beiden Grundtriebe, Grundprinzipien, des Spiegel- und Echodiskurses, des Bild-Wort-Wirkenden. Dies gibt ihm bildliche und sprachliche innere Erfahrungen, die ihm das Wesen seiner Identität offenbaren.

Literaturverzeichnis

Baggini, J., Ich denke, also will ich, dtv (2016)

Barkhaus, A., Mayer, M., Identität, Leiblichkeit, Normativität, Suhrkamp (1996)

Bauriedl, T., Beziehungsanalyse, Suhrkamp (1993)

Benthien, C., Wulf, Ch., Körperteile, Rowohlt (2001)

Bezzel, C., Wittgenstein, Junius (1996)

Breuer, R., Immer Ärger mit dem Urknall, Rowohlt (1993)

Brockman, J., Vogel, S., Wie funktioniert die Welt?, Fischer Taschenbuch (2013)

Byung-Chul Han, Die Austreibung des *Anderen*, Fischer Wissenschaft (201)

Byung-Chul Han, Die Errettung des Schönen, Fischer Wissenschaft (201)

Camus, A., Der Mythos des Sisyphos, Rowohlt (2018)

Carnap, R., Einführung in die Philosophie der Naturwissenschaft (1969)

Damasio, A. R., Descartes` Irrtum, Dtv (1997)

Dennet, D. C., Von den Bakterien zu Bacvh – und zurück, Suhrkamp (2018)

Davies, P., Gott und die moderne Physik, Bert. M. (1986)

Eccles, J. C., Gehirn und Seele, Piper (1987)

Eichmeier, J., Höfer, O., Endogene Bildmuster, U&S – Verlag (1974)

Fischer-Lichte, E., Performativität: Eine Einführung, transcript (2012)

Freud, S., Studienausgabe, Fischer (1989)

Goel, B. S. Meditation und Psychoanalyse, Ariston (1989)

Görz, G., Einführung in die Künstliche Intelligenz, Addison-Wesley (1996)

Harari, Y. N., Homo Deus, C. H. Beck (2017)

Heidegger, M., Unterwegs zur Sprache, G. Neske (1959)

Hilbrecht, H., Meditation und Gehirn, Schattauer (2010)

Hofstadter, D., Die Analogie, Klett-Cotta (2014)

Horgan, J., An den Grenzen des Wissens, Luchterhand (1997)

Jacobs, A., Schrott, R., Gehirn und Gedicht, Hanser (2011

Jakobson, R., Semiotik, Suhrkamp (1988)

Jakobson, R., On Language, Harvard University Press (1995)

Jung. C.G., Gesammelte Werke, Walter (1983)

Kant, I., Kritik der reinen Vernunft, Reclam (1966)

Kluge, F., Etymologisches Wörterbuch, W. de Gruyter (1989)

Lacan, J., Schriften I - III, Walter, (1975)

Lacan, J., Seminare I,I, VII, XI, XX, Quadriga (1980-1995)

Lacan, J., Seminaire Nr. III, Iv, VIII, XVII, Edition Seuil (1981-1994)

Lacan, J., Die Bildungen des Unbewussten, Turia & Kant (2006)

Lacan, J., Mitschriften der Seminare,VI,IX,X,XII,XV, B.R.L.F., Strasbourg

Laplanche, J., Pontalis, J. B., Das Vokabular Der Psychoanalyse, Suhrkamp (1989)

Linke, D., Kunst und Gehirn, Rowohlt (2001)

Maar, C., Pöppel, E., Christaller, T., Die Technik auf dem Weg zur Seele, Rowohlt (1996)

Merleau-Ponty, M., Das Sichtbare und das Unsichtbare, Fink Verlag (1994)

Pinker, S., Der Sprachinstinkt, Kindler (1996)

Plato, Sämtliche Werke, Insel Verlag (1991)

Popper, K. R., Eccles, J. C., Das Ich und sein Gehirn, Piper (1989)

Potthoff, P., Die Begegnung der Subjekte, Psychosozial-Verlag (2014)

Roazen, D., Der innere Sinn, Archäologie eines Gefühls, Fischer (2012)

Roheim, G., Die Panik der Götter, Kindler (1975)

Rosset, C., Das Reale in seiner Einzigartigkeit, Merve (2000)

Rüdinger, D., Perrez, M., Anthropologische Aspekte der Psychologie, O. Müller (1979)

Rudgley, R., Abenteuer Steinzeit, Kremaye & Scheriau (2001)

Schmidt-Hellerau, C., Lebenstrieb & Todestrieb, Libido & Lethe, Verlag Intern. Psychoanalyse (1995)

Searle, J. R., Geist, Hirn und Wissenschaft, Suhrkamp (1992)

Seidler, G. H., Der Blick des *Anderen*, Verlag Intern, Psychoanalyse (1995)

Sinz, R., Gehirn und Gedächtnis, Fischer Utb (1981)

Strowik, E., Sprechende Körper, Fink-Verlag (2009)

Thompson, R. F., Das Gehirn, Spectrum (1994)

Thorne, K. S., Gekrümmter Raum und Verbogene Zeit, Knaur (1996)

Tipler, F. J., Über die Omegapunkttheorie, Piper (1994)

Uexküll, Th., Fuchs, M., Subjektive Anatomie, Schattauer (1994)

Weiss, Der *Andere* in der Übertragung, Frommann-Holzboog, (1988)

Weizsäcker, C. F. von, Die Einheit der Natur, Dtv (1995)

Weinberg, S., Der Traum von der Einheit des Universums, Bertelsmann (1993)

Weizenbaum, J., Die Macht der Computer, Stw (1977)

Wiener, O., Probleme der Künstlichen Intelligenz, Merve (1990)

Wilhelm, R., Informatik, C.H.Beck (1996)

Wilson, E. O., Der Wert der Vielfalt, Piper (199

Wolf, F. A., Die Physik der Träume, Byblos (1996)

Wygotski, L.S., Denken und 'Sprechen', Fischer (1981)

Webseite des Autors: analytic-psychocatharsis.com

Weitere Bücher des Autors aus dem MCS-Verlag

Analytische Psychokatharsis

Psychoanalytische Theorie und kathartische Meditation können nicht einfach ineinander überführt werden. Setzt man beide Verfahren aber durch ein entscheidendes Element (einen „linguistischen Kristall") in Beziehung, lässt sich ein eigenes neues Verfahren begründen. Die Psychoanalyse und die meditativen Methoden werden diskutiert, und die Praxis des eigenen Verfahrens wird ausführlich beschrieben.

Überwältigt

Manchmal spielen in der Psychoanalyse Überwältigungen durch die therapeutische Situation eine Rolle. Momente, in denen sich Übertragung und Gegenübertragung bis zu einem Kipppunkt aufschaukeln, können eine besonders positive Wirkung haben. Auch im Yoga und in Meditation kann dies erfolgen, was eine eigene Methode ermöglicht und ausführlich geschildert wird

Der *Andere* des Wortes und das *Andere* der Sterne verweist auf die Doppelstruktur des Unbewussten. Doch wie bringt man diese beiden in eine geeignete Kombination, so dass sie sich für ein psychoanalytisch - meditatives Verfahren eignen, das jeder Einzelne für sich selbst erlernen kann. Über Physik, Theologie, Kognition und andere Wissenschaften liefert das Buch eine Anleitung

SIGNIFIKANT Gott?

Schon die unterschiedliche Groß- Kleinschreibung provoziert, dass der SIGNIFIKANT (Bezeichner, Bedeutender), ein Begriff aus der Linguistik, wichtiger sein könnte, als die altehrwürdige Vokabel Gott. Der Autor zeigt, dass Jesus ein Vorläufer der modernen Psychotherapie war und somit sein Vorgehen auch für die heutige Psychoanalyse genutzt werden kann.

Yoga und Psychoanalyse

An Hand einer wissenschaftlichen Biographie des Religionswissenschaftlers und Yogalehrers Kirpal Singh (Surat Shand Yoga) werden alle Yogaformen von der Seite der Psychoanalyse her betrachtet. Es ergibt sich die Notwendigkeit ein eigenes Verfahren zu begründen, das der Autor auch *Analytische Psychokatharsis* nennt. Zahlreiche Bilder und Schemata machen das Buch anschaulich.

VISIONEN: das ‚anders herum von Liebe und Tod

In der Psychoanalyse wird das Symbolische, das Wort-Wirkende betont, das Imaginäre, Bild-Wirkende kommt zu kurz. Von Lacan wurde es wenigstens in Form der topologischer Bilder ins Spiel gebracht. In diesem Buch wird jedoch gezeigt, dass eine Art ‚gelenkter Vision‘ möglich ist, wenn man ins psychoanalytische Konzept eine meditative Methode mit einbaut. Damit wird der Blick ins Unbewusste erheblich erweitert.

Liste weiterer Werke des Autors im MCS-Verlag

Herz-Sprache, Eine Psychoanalyse des Herzens

Politik / Therapie, Begreifen, was man schon weiß - wie Politik therapeutisch zu denken wäre

Das autochthone Genießen, Essays zu einem neuen selbstanalytischen Verfahren

Zweimal den Tod überlisten, Ein Traktat zu Sisyphos

Siddharthas Wiederkehr, Ein wissenschaftlicher Roman – eine Anregung zur Selbstanalyse

teetrunken, Bergwandern, Meditieren, Wissenschaft betreiben – Essays von dreiteilig einigen Menschen

Nach Lacan, Über Physik, Psychoanalyse und die Metapher des Genießens – eine Selbstpraxis

interhot, Gespräche mit dem Unbewussten

Vater seiner Selbst, Die ‚logische Selbststruktur als erlernbar therapeutischer Weg, die eigene Identität zu finden

Das Gerade und das Gekrümmte, Die Behandlung einer Psychose

Die Mathematik des Eros, Die ‚perfektoiden Räume‘ des Unbewussten – eine Selbstpraxis

Die körperlich kranke Seele, Eine Broschüre zu Theorie und Praxis der *Analytischen Psychokatharsis*

Platons Lieb-ido, Ein wissenschaftlicher Roman – eine Überredung zur Selbsttherapie